U0737689

中国诗歌
CHINESE POETRY

闻一多诗歌奖
获奖诗人丛书
主编◎阎志

刘立云诗选

刘立云 著

长江出版传媒

长江文艺出版社

闻一多诗歌奖

闻一多诗歌奖由闻一多基金会设立，《中国诗歌》编辑部承办，卓尔公益基金会独家赞助，旨在"倡导诗意健康人生，为诗的纯粹而努力"。每年评选一届，每届奖励一名该年度杰出诗人，以激励为中国新诗发展作出不懈努力的当代杰出诗人。《闻一多诗歌奖获奖诗人丛书》收入历届闻一多诗歌奖获奖诗人代表作。

刘立云

1954年12月生于江西省井冈山市。1972年12月参军。1978年考入江西大学哲学系。毕业后回部队任职。1985年调解放军文艺出版社工作，历任《解放军文艺》编辑部编辑、编辑部主任、主编，解放军出版社文艺图书编辑部主任。2015年至2018年任《诗刊》主编助理（特邀）。编辑出版大量军事文学作品。个人出版诗集《红色沼泽》《黑罂粟》《沿火焰上升》《向天堂的蝴蝶》《烤蓝》《生命中最美的部分》《眼睛里有毒》《大地上万物皆有信使》《凤凰》，非虚构作品《瞳人》《血满弓刀》《莫斯科落日》等十余部。获中宣部"五个一工程"奖、全军新作品特殊贡献奖、《诗刊》《人民文学》《十月》年度优秀作品奖、中国人民解放军图书奖等奖项。诗集《烤蓝》获第五届鲁迅文学奖。2018年获第十届闻一多诗歌奖。

目 录
CONTENTS

上甘岭

上甘岭

如果我们将战争扩大到中国，那将是在错误的时间、错误的地方，与错误的对手打一场错误的战争。

　　——美国前参谋长联席会议主席
　　四星上将布莱德利

1. 战争档案

时　　间：1952 年 10 月 14— 11 月 25 日　历时 43 天

地　　点：朝鲜中部金化五圣山南麓上甘岭。

参战方：联合国军（前期美 7 师，后期韩 2 师）
　　　　中国人民志愿军（前期秦基伟 15 军，后期秦基伟
　　　　15 军、李德生 12 军）

死　　伤：(中方统计)联合国军 2.5 万人　志愿军 1.15 万人

指挥官：联合国军：克拉克、范弗里特、史密斯、丁一权
　　　　中国人民志愿军：王近山、秦基伟、崔建功、
　　　　　　李德生

战役英文名：Battle of Triangle Hill

战役意义：①中美两军最大规模、最残酷阵地战。

②第二次世界大战后最激烈军事对抗。

③中国人民志愿军迫使联合国军停止进攻 。上
甘岭战役后至朝鲜战争停战，再没有发生营以
上规模战斗。

2. 咽喉

战争是杀人的艺术，它最高最完美的境界
是一剑封喉

这就是那场战役的发生，并在六十年后
让我想起和试图还原的
理由？当东北亚的这座半岛再次成为世界的火药桶
战端一触即发

上甘岭。一座露天战争博物馆，展台
磅礴，赫然陈列它陡峭的天地线
被炮火大面积大尺寸
削低的高度；锈死在幽暗尘土里的
铁；还有它的荒凉、神秘和孤寂；它因长期无人问津
而被越来越深的草木掩盖的呐喊
呼吼，和骨头的断裂声，鲜血的滴答声

从那儿归来的人说，在月落星稀的夜晚
或湿漉漉总也见不到阳光的阴雨天
山顶上的争夺还在继续，枪炮声还像当年那样繁茂
和密集；当一切复归沉寂，泥土中
有人翻身，有人抽泣，有人坐在某棵大树下
反复清点失散的手指，但那张脸
血肉模糊，认不出是东方人还是西方人

我固执地认为，他不是中国人就是美国人
他们一个远渡重洋，一个在
严寒的冬天，脱下棉裤涉过
凛冽的界河，然后在这山脉淤塞的咽喉地带
展开搏斗和厮杀，把死亡像沙丁鱼般
压缩在恐怖的瞬间。但不同种族不同肤色的这些士兵啊
这些像虎豹般勇猛的人，他们
仆倒，他们死去
脚下的这片土地，没有一寸是他们自己的

3. 范弗里特将军要摊牌

旷日持久，深陷在战争泥潭而不能自拔
我猜想范弗里特将军的那颗胆
刚开始有拳头那么大，鸡蛋那么大，之后渐渐萎缩

渐渐萎缩，变得只有睾丸那么大

麦粒那么大。我是说抢在 1952 年大雪纷飞之前

他即将在五圣山上甘岭，当面向

中国人民志愿军第 15 军，展开的摊牌行动

狂妄中有些战战兢兢，谨慎中又有点

胆大包天。军史专家们追踪说——

这或许是一个阴谋，一个父亲在疼痛和绝望之时

的利令智昏，当老范弗里特的儿子小范弗里特

一个漂亮的飞行员，被中国人用

原始、笨拙、低效率的高射炮

击落，葬身火海

他进攻上甘岭，是要让更多的人失去儿子

现在战争的形势是这样的：联合国军美 7 师

与志愿军第 15 军第 45 师

在上甘岭虎踞龙盘，壁垒森严，就像两座即将相撞的山

突然凝固，彼此听得见对方的打鼾声

磨牙声，和梦里的霍霍磨刀声

但志愿军控制的狙击岭高地（中方称 537.7

高地）和三角山高地（中方称 597.9 高地）

就像两把尖刀，闪亮、锋利

狠狠插入美国人的咽喉

让他们疼得咽不下去，又吐不出来

而在某个早晨或某个夜晚，范弗里特将军

恼羞成怒，他一咬牙，一跺脚

哗啦啦调集 16 个炮兵连的 1300 门大炮，170 辆
坦克，50 架 B—26 轰炸机，决定
放手一搏。"克拉克将军，一台小小的
外科手术。"他这样信誓旦旦又稳操胜券地
对他的上司说："我只用一个营的兵力
把共军逼退 1250 码。仅此
而已。
不过，这也够中国人喝一壶了。"

范弗里特将军还对克拉克将军提到了伤亡
这是不可回避的。"200 名怎么样？"
他说："我保证，不可能再多了，也不可能再少。"
那种不容置疑的样子，就像他即将召开的
那场新闻发布兼冷餐会，必须
聘请 200 名记者，购买 200 公斤葡萄酒
200 只火鸡（将军们总是如此，战斗在即
士兵的生死对他们来说，只是一串数字）

4. 美国兵

刘易斯或者威廉斯，在麦坚利堡大理石的墓碑上
我们读到过这些名字
而在 1952 年 10 月 14 日前夜，他们是
明明灭灭的一颗颗星，在上甘岭

美军一侧的树林里

闪烁。永远一副玩世不恭的样子，那些来自佛罗里达

或亚利桑那州的白人和黑人

小伙子，歪戴着帽子

嘴里嚼着口香糖，把子弹上膛的卡宾枪像烧火棍那样

斜靠在肩膀上，正在热烈谈论着加利福尼亚

的风光，科罗拉多大峡谷的景色

抑或胜利日那天

在圣地亚哥，水兵们像鱼那样游上岸来

把手捧鲜花的姑娘仰面朝天地

按在怀里，狂热亲吻；风掀起她们的白裙子

有如墨绿色摇曳的荷叶，托出

一朵朵粉红色的花

也有人背囊里装着美人画片和避孕套

把钢盔倒扣在地上，坐在那儿

慢悠悠抽烟，在心里盘算着

打完这一仗，该去

汉城的哪家妓院，度过即将到来的圣诞

炮火覆盖后向高地发起冲击，这是他们

天亮后要干的事儿，但在他们心里

那不过是一次狩猎

如同过去的某个假日，在犹他州或缅因州，带上面包

奶酪、睡袋、女人，和皮毛油黑

发亮的拉布拉多犬

在原野或树林里，快乐地追一只兔子

5. 如鸟飞翔

他感到他飞了起来；他感到他抱紧的头颅

他蜷缩成一团的身体，他身体里的

肌肉、骨头和血，也跟着飞了起来

就像在操场上听见哨音

欢呼雀跃着，突然跑散的一群孩子

黎明的天空是被漫天呼啸的橘红色火焰

像撕一匹白绸缎那样，陡然撕开的

山那边万炮齐轰！——那是些

大口径重炮，装填雷霆、闪电和风暴

嗓子粗得像山崩地裂；一溜儿排在伪装网里的坦克炮

也高高昂起，它们笨重的身躯爬不上陡坡

和悬崖，可司令官现在只要这些战争的

庞然大物，披坚执锐，摧枯拉朽

用它们力大无比的穿甲弹、破甲弹、碎甲弹

和榴弹，加入雷霆和火焰的合唱

现在大地像一面巨大的鼓，被一支支难以想象的

重槌，几千次，几万次，甚至

几十万次地，擂响——轰隆隆

轰隆隆、轰隆隆、轰隆隆

轰隆隆……这时所有的耳朵，都有一种
声音被扑灭后，突然失重的感觉
所有在附近站立或行走的人
都像热锅里的豆子，被炒得蹦蹦跳跳

弹着点的爆炸声连成一片；弹着点的爆炸声
纵横交错，排山倒海，密不透风
弹着点的爆炸声，是火药
在爆裂，钢铁紧密的躯体，在瞬间解体
火焰的翅膀携带着破碎的弹片
滚烫而锋利的弹片，像鸟一样，闪电一样，光一样
飞。当然当然，弹着点的爆炸声
在众人仰望的山的高处，在硝烟滚滚的山的
接合部、突出部和回旋部
而山上什么情况？正发生什么事情？
当那儿弹片纷飞，此起彼伏的爆炸掀起的火光
和热浪，彼此淹没和覆盖；当唿哨一样
刮过山巅的 B-26 轰炸机，火上
浇油，投下一枚枚重磅汽油燃烧弹
并由此织成一张熊熊燃烧的火焰的网，一场
火焰的狂飙，火焰的海啸；当地狱在轰隆
轰隆的爆炸声中，噼剥噼剥的
燃烧声中，猝然打开一扇又一扇门……

他感到他飞了起来，像鸟儿那样飞起来

他感到从他的身体里，噗噜噗噜

噗噜噗噜，飞出来一只鸟

一群鸟：它们穿过火焰、硝烟和愤怒翻滚的云团

一路发出悲愤而绝望的鸣叫

之后沿着相反的方向，一根白羽毛

飘飘扬扬，像一朵雪花重临大地

那么，他是谁？他走了多么远的路

来到这里？有着怎样的生离死别，悲欢离合？

请原谅我说不出来

虽然我听出了他的口音，知道他在

异国他乡，像一棵庄稼那样，眷恋着故乡的

老屋、水井，和在水井边汲水的情人

6. 一个死者的独白

漫上高地的那一刻，我们才发现

美利坚的傲慢与偏见

还有它武装到牙齿的

炮兵和坦克兵，仅仅充当开山放炮的角色

当我们在雷霆和火焰中穿梭，眼睛

被璀璨的光，一次次刺瞎

哦哦哦，这时候我已经分不清谁是

骄傲的猎人，谁是可怜的猎物

而岩石崩溃，山的高度被雨点般倾泻的
炮弹，反复涂抹和改写
从断崖到断崖，是一片红色沼泽

我说不出那种红，也说不出脚下几米深的
尘土，如何缠住两条紧张跋涉
的腿。我只知道我们的战场
其实也是我们的坟场，死水的气息扑面而来

啊，啊，你看见了吗？在山顶上隆重
迎接我们的，或者用将军的话说
款待我们的，那些用荷兰的郁金香
法国普鲁旺斯的马鞭草
和薰衣草，像编织斑斓的春天那样
编织的花环呢？
还有砰的一声，像打开一道喷泉
一道彩虹的，那些产自维也纳或慕尼黑的
香槟酒呢？当然还有战地记者们按亮的
闪闪烁烁的镁光灯——在记忆中
他们的鼻子总是比狗还灵，比工兵营那些
探雷器的探头，还灵
每逢重大战事，比如——我是说比如——
我们如愿占领了狙击岭和三角山两座高地
他们一定会呼啸而来，把自己
当成一粒金黄的，脱膛而出的子弹

啊啊！真正在山顶上迎接我们，款待我们的
是死亡！是中弹后痛不欲生的嚎叫
是侥幸活下来的惊魂未定
是生不如死的恐惧、惊慌，和从此永远无法挣脱的
梦魇。具体地说，在山顶上迎接我们的
款待我们的，是脸膛被滚滚烟尘
熏得油光斑驳，只露出两只眼睛在骨碌碌滚动的
中国士兵，他们纷纷从尘土中，从废烟
升腾的堑壕里，一跃而起
同时用咆哮的苏制冲锋枪和转盘机枪
哒哒哒哒，哒哒哒哒……打开
一道道死亡的扇面。那种居高临下的
横扫、洞穿和屠戮，就像秋天到了
一把把磨得星光闪耀的
镰刀，打开了它们锋利的刀刃
在麦地开始凶猛地刈割，刈割，刈割……

像山峦崩裂，河水倒流，一股股血
迅速从我们的眉心，我们的脖颈
我们的胸腔、下腹和四肢，我们身体的各个部位
涌出来，射出来，甚至像打开的
高压水龙头那样，喷出来
然后，我们呈各种姿势倒下，缓缓倒下
再层层叠叠地交缠，堆积

层层叠叠地垒筑起高地的另一种海拔

最可怕最惊天动地的，是绝地反击
赤身肉搏，是死里夺路的刀刀见血
相互抢夺死亡的渡口
此时，他们中垂死一搏的一个，或者孤立无援
再不准备活下去的一个，会突然从尸堆里
跳出来，扑上来，像野兽一样
掐住我们的脖子，咬住我们的耳朵或喉管
再或者拦腰抱住我们中步步后退的一个
摔打，撕咬，轰轰烈烈地
滚下悬崖；更多的是拉响手雷和爆破筒
让互相间搂在一起，撕也撕不开
的身体，光芒一闪，犹如
灿烂的，在节日的夜空绽开的礼花

当黑夜来临，山冈出现暂时的寂静
同伴们相互搀扶着爬起来
但谁也认不出我的脚印，我们的脚印

我们就忠实地留在这里，怅望这山
怅望这断崖，怅望这波动如潮水的泥沼
我知道明年从这里长出来的
第一蓬青草，必定起自我的骨节

7. 坑道！坑道！

范弗里特将军感到奇耻大辱，感到他
一世的英名被一时的愚蠢
无情欺骗和嘲弄了。怎么可能呢？
他想，怎么可能呢？仅仅只有3.7平方公里的两座高地
他以每秒六发炮弹的频率，狂轰滥炸
把那里的每块岩石，每棵树木
甚至每根草，都掀翻了
甚至这酷烈的钢铁之火、野兽之火
天堂之火，把两座高地上的
每块碎石，每粒土，土里的每只蚂蚱
每条蚯蚓，都火烤了一遍
油烹了一遍，怎么可能还有人活下来？
他们到底藏在上帝的哪一道
石缝里，长着
怎样的一颗脑袋，怎样的三头六臂？

"半座山都被掏空了！"死里逃生的刘易斯
或威廉斯，向将军揭开这个秘密
他顿时有些恍惚，有些蒙
喉咙里呼噜呼噜的，好像突然被堵塞的
下水道；前胸和后背也凉嗖嗖的

仿佛整个人突然被剥光了，晾晒在光天化日之下
虽然将军有预感，他觉得对方手里的家伙
那么简陋，着装那么单薄，兵员
也征集得那么匆忙，甚至没有接受
最基本的训练。尤其他们的后方，他们的火车
和汽车，如同靶子，赤条条地暴露在联合国军的轰炸和射程
之内。仿佛从天空落下的一滴稍大的雨
就能把它们砸进尘土里
但是，当他们在高地驻扎下来，怎么可能成为
山的一部分，岩石和土壤的一部分
成为群峰之上的群峰？仿佛
他们作为山的魂魄，融化在
山的血液和骨骼里，山的心跳和呼吸中

现在他知道了！现在他知道这些瘦弱的
矮小的、黄皮肤的中国人
他们像猴子一样灵巧，虎豹一样勇猛
有时又甘愿做一只笨鸟，在暴风雨来临之前
一次次，一遍遍，反反复复地飞
就像战事还未爆发时，他们一锤一钎
一砂一石，竟把高地上花岗岩
和石灰岩的腹腔，日复一日，点点滴滴
掏空了。是的！现在他知道了，现在他终于知道了
他骄傲的美利坚，他们号称无坚不摧的
飞机、大炮、坦克、卡宾枪和火焰喷射器

遇上了更骄傲，更坚不可摧的
一群人：他们简单、粗糙、坚忍，曲体在岩石中
藏身，就像水藏在水里，火藏在火中

8. 没有姓名牌的军队

放下久久举着的望远镜，他不易察觉地
笑了一下。不经意嚅动的两片嘴唇
嘟囔着，含含糊糊地漏出几个字

不过他的笑，是苍凉的，有那么点愤懑
酸楚，凄苦，和无可奈何
而长久跟在他身边的人，听出了他
含含糊糊地漏出的几个字，带着他难以更改的
红安口音，而且是不怎么洁净的词

自称文明世界的人，他想，他们是
多么野蛮和残忍啊！依恃着
轰炸机、坦克履带、大口径火炮
从天空至大地制造碾压之姿，仿佛我们是一群
懦弱的、孤苦无助的蚂蚁
蜉蝣和飞蛾；而他们付出的代价
只不过在白衬衣的领子上，溅上我们的
几滴血。那么来吧，来吧！
就冲着我们的胸膛来，冲着我们扼守的

597.9 和 537.7 两座高地来

问题是，你们是否长出了这样一副好牙？

放下久久举着的望远镜，他悬着的心又

一阵抽搐，传来无法言说的疼

他想起了他布置在高地上的那两个连队，那两个加强连

想起了那些他亲如儿子的

士兵，现在他们在战斗

在生命的悬崖苦苦攀登、坚守和困兽

犹斗，每时每刻都有人坠落，流尽最后的一滴血

而他熟悉他们，就像熟悉脚下的泥土

熟悉自己两个巴掌上的十根手指

他知道他们像牛一样憨厚

诚实，忍辱负重，在烈日下给他一滴水

就能活过来；在岩石中给他一道缝隙，就能扎根

萌芽，像手掌一样打开两片嫩叶

他知道这些农民的儿子，穷人的儿子，他们

从田野走来，信奉以牙还牙以命夺命

的哲学。与他几年前，十几年前

一模一样。因为他也是一个农民的儿子，穷人的儿子

一个地地道道的农民，他的肠胃里

胆囊里，至今还残存着故乡的水土。如果打个嗝

依然能打出红薯的味道。甚至，自从离开

长江边那片红土地，他南征北战，出生

入生，但至今还记得家里的

那把铜齿钥匙，放在门边的第几个砖洞里

因此，因此啊，当他的连队，他儿子般的
那些士兵，在那么高
那么狭窄，炮火又那么猛烈的阵地上
拼命夺命搏命；他知道他要做的
便是号令三军，把穿过风雨的旗帜，插到山顶上去
把一个军团赤诚的血，洒到山顶上去

像对方的官兵那样，脖子上挂一块姓名牌
那是 70 多年以后的事了（连他
自己的都无缘见识）
而我们一支落后几十年的军队，一支
土地的军队，农民的军队
此时由他们的将军——他的名字叫秦基伟——
带领，勇敢地去战斗，去赴汤蹈火
那种对决——在中国，叫针尖对麦芒
在西方世界，叫火星撞地球

9. 山头鼓角相闻

3.7 平方公里的两座高地，崔嵬，奇崛
风雷激荡。我们看见的是一只
巨大的，被高高举起，燃烧着

滔天火焰的大鼎。士兵们就在这只被烧红的大鼎里
翻滚，跳跃，匍匐前进
反复争夺战争的制高点，反复地
你死我活。脚下的尘土滚烫，松软，混合着
残损的铁，破碎的岩石，怆然散落的
断臂、残肢，以及喑哑的
呐喊、怒吼和呻吟；双方炮兵应和前方的
呼唤，你来我往地压制
与反压制，让一堵堵原本岌岌可危的
生命的墙，在轰轰隆隆中，加速倾斜和倒塌
空气里飘满刺鼻的琉黄味与血腥味

即使龟缩在用钢筋水泥浇筑的坚固
地堡里，如美军；抑或凭借坑道
昼伏夜出，像割断一茎茎草那样割断对方的呼吸
如志愿军；但主阵地的互换总是在
须臾之间，总那么频繁、血腥、惨烈
因此，死亡在频频提速，像夏日
骤升的水银柱，秋天渐渐丰盈的谷堆

数据是枯燥的，但累计这些数字，如果是
生命呢？再如果这些生命，时时刻刻
就像秋天的落叶，在狂风中
一片片飘零呢？比如，在三十公里战线上
仅对付上甘岭，我们的 597.9 和 537.7 两座高地

他们就动用了 300 门大炮
27 辆坦克，40 架来回俯冲的轰炸机
已经和将要落入两座高地的
炮弹、航弹和凝固汽油燃烧弹，达 190 万发

再如志愿军一方，第一天战斗至黄昏
战前于坑道储备的弹药消耗殆尽
共发射子弹 40 万发，投掷手榴弹、手雷 10000 枚
另因卡壳和枪管打红而报废的
枪支，包括苏式转盘机关枪 10 挺
冲锋枪 62 支，步枪 90 支……

"山头鼓角相闻" 就是说，山顶上的
生存与毁灭，就看谁能挺过致命一击

10. 38 个黄继光

借助夜色，猫着腰，作为第二梯队临时补充
上来的一个兵，他踩着滚烫的焦土
一步步前行
同时，他也在一步步走完他的烈士之旅

他是个勤杂兵，端水扫地跑腿那种
老兵眼里受宠的小兄弟

而目前的战况是：第一梯队打瘫了

打残了，第二梯队只剩下他们这些送信的、剃头的、做饭的

当他们第 130 次，或第 289 次（最终的数字

是第 900 次）从坑道突入表面阵地

他们从身体里掏出了誓词

掏出了忠诚和胆魄

最后只剩下慷慨一死，掏自己的命了

子弹从美国人的地堡里像大雨那样泼过来

他们借助凶猛的炮火

在刚抢占的阵地，如同抢种庄稼那样种植的地堡

以纵横交错的火力网，让你插翅难飞

前几个人倒在了冲击的路上。他被命令

带领两个兵，炸掉那些地堡

他说是！三个人像三粒豆子那样撒出去

那两个兵分别叫吴三羊和肖登良

他们交替掩护，也像他那样

猫着腰，一步步前行

一座地堡被炸掉了，又一座地堡被炸掉了

这时，他们的身影出现在第三座地堡像眼镜蛇那样

高高探起的夜视镜里

但他们毫无察觉，他们继续猫着腰

继续向他们认准的目标挺进

哒哒、哒哒、哒哒……地堡里三个

精准的点射
吴三羊仰面倒下，肖登良的胸膛
被一颗子弹钉在焦土中
再也挪不动了
猩红的血，像河水一样哗啦哗啦流淌

这些他都看在眼里。他还看见一束光
嗖的一下，钻进了他的胸膛
他一阵颤栗，黏稠的血洇了出来
把胸前的制服和弹袋，身体下的那一片浮尘
染红了。脑海里传来溺水般的晕眩
喉咙也喘不过气来，他知道
一道门就要关闭了，一把锁就要锈死了

但他的思维还那么清晰，还没有像他的
身体，熬到了油尽灯枯的时候
他清晰地意识到，他们战斗小组三个人的任务
现在落在他一个人身上；他必须代替
吴三洋和肖登良，代替死在他前面
的所有人，顽强地活下去
把他们想做的事做完，然后去追赶他们
和他们在另一个世界团聚，重做一支部队的兄弟
想到这里，一阵困倦袭来，他拼命
摇了摇头，把自己摇醒
他知道自己一旦闭上眼睛，一旦睡过去

就永远不会醒来了。因此他命令自己振作起来
挺住，拿出吃奶的力气，向前爬

后来的事我们都知道了；后来，他趁自己的血
还未流干，艰难地爬啊，爬啊
往那座地堡的射击死角爬
然后他纵身一扑
用残损的身体，堵住了那根咆哮的枪管

是的，他就是后来家喻户晓的英雄黄继光
志愿军第 15 军第 45 师 135 团 9 连通讯员
四川中江人，1931 年 1 月 8 日出生
1952 年 10 月 19 日壮烈殉国
我还应该告诉你，黄继光是上甘岭战役 38 个
与敌人同归于尽的烈士中的一个
当然，他不是第一个，也不是最后一个

11. 一个苹果

现在让我们把镜头对准坑道；对准坑道的
逼仄、阴沉、潮湿；对准壮士们的嘴唇
因焦渴而爆出的一粒粒血；对准伤员们因得不到救治
而吐出的最后一朵白沫；对准山那边联合国军
疯狂炮击时，坑道里地动山摇的轰鸣

震荡，和头痛欲裂；再对准一个十七岁士兵
看大汗淋漓中，他的命，怎么活活地被震碎

在花岗岩和石灰岩内部凿通的坑道
是用来屯兵、屯粮、屯一切
战争物资的；现在被迫用来囤积饥渴、疼痛、死亡
和战争的蛮野与惨烈。想想吧，电话线
被炸断了，补给线也被炸断了
对峙变得近在咫尺：占领表面阵地的美国人
（后来是韩国人）孜孜不倦，开始在
坑道的顶部，凿眼放炮
后来又在坑道两端，用火烧，用毒气熏
如同对付一窝地鼠
而我们的官兵，在一次次忍受饥饿
一次次舔过岩壁的水渍水痕
之后，仍然扑不灭喉咙里和舌尖上腾起的烈火
这时，一个苹果，将带来怎样的惊喜？

就是一只苹果！它是 8000 名运输官兵
擦过 B-26 像刀刃般俯冲的机翼
穿过冰雹般倾泻的炮火
送上来的。请注视他们负重蹒跚的背影——
8000 条生命，一个个弯成一张弓
背上压着枪、子弹、急救包、炒面、水
罐头、压缩饼干、擦屁股的卫生纸

用来止渴的萝卜、苹果……拉开一道长长的

蜿蜒起伏的散兵线

在云雾缠绕的山峦中，那种阵式

像不像 8000 只艰难蠕动的蚂蚁，8000 只

细小的嗡嗡飞翔的蜜蜂

为一粒米、一小口蜜，鱼贯而行？

而战争是一头沉重的大象，一条横蛮的大河

当这头大象柱子般粗重的腿，嘭咚嘭咚

踩过来；这条河流汹涌澎湃的浪

哗啦哗啦打过来

一只蚂蚁，或一只蜜蜂

将承受怎样艰难的生？怎样悲惨的死？

这个战地新闻和黑白胶片反复歌唱过的苹果啊

你应该知道，它是从 30000 斤苹果中

被送上甘岭的唯一

一个苹果

捧在手里，你的心假如是一道钢筋水泥修筑的大坝

你说，你能否阻止它崩溃？

12. 像给灯添油一样

我不敢省略这撕心裂肺的一笔

动人心魄的一笔

否则，我会感到我在犯罪——

在上甘岭，子弹要节省；食物要节省
水要节省；蜡烛要节省；救死扶伤的
药品和纱布，要节省；战友牺牲时悲恸的泪水
要节省；吞咽压缩饼干和脱水干菜
的速度，要节省；必不
可少的死亡及死亡时间，也要节省

是因为战争太剧烈了！死伤如流水太迅猛
太湍急了！先一个连，一个营
再是一个团，再再是一个师
而现在，已经没有那么多的人去死，去被乌鸦般
飞来的弹片，砍断一条腿或一只胳膊
被飞溅起来的岩石碎片，击瞎一只
或一双眼睛；被凝固汽油弹腾起的烈焰
在瞬间，烧成一截截让战友们
悲伤的，仍会说话和动弹的焦炭……

正是这样，他们创造了"添油战术"
就像为寺庙点燃长明灯，每次往前沿哨位派去三个兵
不能多也不能少
牺牲了再派三个，牺牲了再派三个

再再牺牲了，再再派三个，派三个……

13. 将军和警卫连

将军不看他；将军始终在看石壁上的地图
在等待作战室的电话响过后
参谋们向他报告战况。诸如坑道里
此刻还有多少有生力量
多少伤员？有多少个阵地失而复得
得而复失？诸如我们的炮兵阵地
是否隐蔽？是否能及时转移？
是否扛得住联合国军的飞机突然到来的轰炸？
是的，他现在常常说"我们的炮兵"
语气中流露出欢欣、钦佩
自豪和由衷的赞叹；也流露出他作为一军之长
对战局，还算游刃有余的掌控
因为"我们的炮兵"，其实是志愿军的
炮兵，毛泽东、彭德怀的炮兵
现在他们聚集在他的麾下，由 44 门重炮
一个咔秋莎炮团组成。而且现在
他们同样能把猛烈的炮火，稳准狠地
打到高地上去；同样也能
让美国人，让联合国军的士兵，像鸟那样飞

将军还在看地图，不看他，也不理他

这是因为将军知道他还站在那儿
因为将军知道，只要他不下命令
他就会一直这样笔挺地站着
不声不响，不摇不晃，不亢不卑
就像一棵树长在那儿，一枚钉子钉在那儿

他叫王虏，太行山的儿子，当然也是
一个中国北方农民的儿子
将军记得那是 1942 年或者 1943 年
抗战后期，他的部队散落在晋西和冀东
撬鬼子的铁路，炸鬼子的炮楼
捎带着，把他从山村的土旮旯里
像挖土豆那样挖出来
此后他当了他的卫士，也就是警卫员
一直跟着将军，为他牵马引蹬
他与将军形影不离，既互为
镜子，又互为影子
将军的语言到哪，有时一刹那的闪念到哪
他就会出现在哪里，像一棵树那样
长在那儿，像一枚钉子那样
钉在那儿。而他更愿意是将军肚子里的
一条蛔虫，每次把将军吃剩的
思想、智慧，还有和士兵一样粗糙的食物
再咀嚼一遍，然后融化在血液里

五六年过去。五六年跟随将军从战争中走来
现在他是将军警卫连的指导员
也可以说，是将军卫队的
卫队长，依然日日夜夜，在坑道口
在将军睡梦的边缘，守着将军
因此他比谁都明白，将军的部队不够用了
将军的士兵尸横遍野地躺在
上甘岭的高地上，这让将军耿耿难眠
夜夜翻身像翻动一扇磨盘
因此他对将军说，"让我带着警卫连上吧！"
说完便站在将军身后，不动
像一棵树那样长在
那儿，像一枚钉子那样钉在那儿

许多天又许多天后，将军终于回过头来
走到他面前，抬起双手
用力地拍在他的肩膀上
然后，找准他的锁骨，重重掐了他一下

这天下午，上甘岭我 537.7 和 597.9 高地
打来电话报告说：军部警卫连 96 名官兵
到达主坑道 24 名
指导员王虏等在敌拦阻炮火中，光荣牺牲

一颗硕大而浑浊的泪

从将军的眼睛里，夺眶而出

14. 比钢铁更坚硬的

"欲壑难平，吞噬钢铁火药；城市乡村
士兵们生龙活虎的
生命
噢，战争！你究竟长着一个什么样的胃？"

如果范弗里特将军是诗人，如果他习惯地
在随身携带的笔记本上，匆忙
而潦草地写下这样的诗句
我想，他那颗苍老的心，一定无比的悲凉

战争打了十二天。十二天的战争神使鬼差
把一场营规模的战斗，打成了一场
战役；而且暂时没有休战的迹象
但在这十二天中，美 7 师的九个步兵营
齐整满员地投进去八个
可怕的是，刚投进去一个，就被打瘫打残了
再投进去一个，又被打瘫打残了
眼看一个师只剩下一副骨架，一副瘦骨嶙峋
风雨飘摇的骨架。仿佛上甘岭深藏着一个
巨大的，总也填不满的漏洞

仿佛这个漏洞，直通不算远的马里亚纳海渊
而战场依然在咆哮，依然张开
血盆大口，等待他继续填进去千军万马

在说不出的郁闷和懊恼中，脑海里
灵光一现
范弗里特将军想到把美军撤回去
把韩军换上来。虽然这是一个将被联合国军普遍怀疑
诟病，甚至嘲讽的方案
但他豁出去了，他觉得，这是他必须
承担的风险、偿还的罪孽，哪怕走上军事法庭
因为在这十二天中，他看到了
太多的血，太多的包括他儿子小范弗里特
在内的，美国士兵的血
而且这些血，这些血，由臆想中的
涓涓细流，渐渐变得浩浩荡荡
惊涛拍岸，就像巍峨的一座座大坝坍塌了

美利坚的儿子啊，蓝眼睛高鼻梁
英俊又伟岸，如果回到安第斯山或洛基山
戴一顶巴拿马草帽，威风凛凛
哪一个不是好骑手、好男人，让女人们沉醉
疯狂，爱得死去活来？可现在他们在流血
在汩汩地流，哗哗地流，止也止
不住。那战死沙场的，不是几个

十几个，或者几十个，也不是预案中的 200 个
而是 2000 个，甚至 20000 个……

是啊！必须把拳头收回来了；必须痛定
思痛，拯救大兵瑞恩和泰迪
拯救刘易斯和威廉斯，并让他们喘息
休整、疗伤，从噩梦中醒来；还必须忍受
暂时的痛苦和屈辱，重新审视
山那边的这个对手，那些不可思议的
中国人，比如他们的顽强，他们的
前仆后继，他们不要命地以命搏命，以命夺命
他们过去年代经历的苦难与贫穷
屈辱和悲愤；他们比钢铁更坚硬的意志
他们面黄肌瘦的身体里
隐藏的剽悍和决绝，他们随时迸发的英勇
渐至他们能消化沙子和稻草
的胃，他们的骨密度和骨头中磷和钙
的含量；他们的喜怒哀乐
他们的世界观、价值观，以及人生观

是的，比钢铁更坚硬的，是一种精神
它漫漫漶漶，绵延不绝
如同在那片古老的东方大地上
从容不迫，永远奔腾不息的黄河、长江

15. 板门店

你现在看到的是战争的一个休止符
听到的是一首战争挽歌低音区里的
无歌词混声伴唱
如果把它还原为东北亚的咽喉
这所孤零零存在了六十年的
老房子，应该是它上下滑动的喉结

多年后，这个咽喉上的扁桃体仍在发炎
与咽喉紧密相连的呼吸道
也不时红肿，溃疡，就像战争过去六十多年了
仍然有无名氏的遗骨，在挖掘机
挖开的地方，峥嵘
裸露，让流血的往事再次凸突出来

而写在纸上的协定总在提醒我们
战争是一座活火山
它暂时的休眠
只是在等待下一次更猛烈的喷发

第二辑

猛士如虹

内心呈现：剑

我要让一个身穿白袍的人
住在我的身体里
我要让他怀剑，如天空怀着日月
大地怀着青山和江河
如果我豪气逼人，在旷野上
大步行走，那么请原谅
这是住在我身体里的那个
身穿白袍的人，在行走
是他身怀的那把剑，在行走

住在我的身体里
那个怀剑的人，是个简单的人
从容的人，徒步的人
白衣飘飘，身背芒刺和积雪
他须发丛生的脸颊
习以为常的沉默和坚忍
让他怀着的剑
藏得更深，如初孕的母亲藏着胎儿
谁都知道血是滚烫的

不容打破缺口，不容挥霍
而他的剑却渴望豪饮
必须按住它的杀机！

但那个身穿白袍的人
那个怀剑的人，住在我的身体里
我和他，我们一生的努力
一生的隐忍和等待
就是护卫这把剑的光芒
让它灵醒的，如霜如雪的锋刃
在静夜，时刻鸣嘤和颤动
毕竟天性难违啊
一把剑，当你从怀里拔出来
如果不能削铁如泥
不能像江河那样发出咆哮
请问，那还是剑吗？

在祖国的大地上行走
我很高兴一个怀剑的人
能住在我的身体里
我很高兴能成为这个人和这把剑
共同的知己，和共同的鞘
我很高兴，当我最外面的皮肤
被另一把剑戳穿

那股金子般的血，将溅红
我身体里的那件白袍

火焰之门

必须俯首倾听！必须登高望远
必须在反复的假想和模拟中
保持前倾的姿势；必须锋芒内敛
并把手深深插进我祖国的泥土

每天到来的日子是相同的日子
没有任何征兆，呈现出平庸的面孔
而每天磨亮的刀子却荡开亲切的笑容
必须把目光抬升到鹰的高度

然后请燃烧，请蔓延吧，火焰！
请大风从四方吹来，打响尖厉的嗓哨
而我就埋伏在你脚下，一种伟大的力
如一张伟大的弓，正被渐渐拉开

那时即使依恃着钢铁，即使依恃着
我身后优美的山川、河流和草原
我也将在火焰中现身，展开我的躯体
就像在大风中展开我们的旗帜

听某老将军说抗战

他们用比我们提前一百年的钢铁打我们
又用比我们退化一百年的
野蛮、凶悍和残暴
杀我们。他们训练有素，精通操典
和武士道，枪法百步穿杨
如果落入绝境，不惜刎颈、切腹、吞剑

他们是一条大象粗重的腿，提在半空
而我们是一群溃穴的蚂蚁，四处奔逃

只有熬！只有在血泊里熬，在刀刃上熬
只有藏进山里熬，钻进青纱帐里
熬。只有把城市熬成废墟
把田野熬成焦土，把黄花姑娘熬成寡妇
只有在五十个甚至一百个胆小的
人中，熬出一个胆大的
不要命的。只有把不要命的送去打仗
熬成一个个烈士。只有像熬汤那样熬
熬药那样熬；或者像炼丹

炼铁，炼金，炼接骨术和不老术

只有熬到死，只有死去一次才不惧死

只有熬到大象不再是大象

蚂蚁不再是蚂蚁

只有熬到他们日薄西山，我们方兴未艾

只有把一座大海熬成一锅盐，一粒盐……

火焰：391 高地

那几天我都在苦苦思索疼与铜
我在想它们是否
互为因果，是否有一条秘密通道彼此抵达
虽然它们音相近而意相远

是的。我在寻找一个人和一座高地
我在触摸这座高地的一堆灰烬
留下的余温
几个关键词是：远东。391。潜伏
盲目坠落的凝固汽油弹；冲天而起的烈焰
燃烧至 1000℃，瞬间让岩石崩溃
和流淌的高温；嘹亮的寂静……
与此相关的那个士兵
花名册的籍贯栏里填着：中国铜梁

我在想，那时他的手该如何深深地插进泥土
他两排雪白的牙齿该咬住
多大的仇恨。而当他听见狂欢的火
用它的身体举办盛宴的火

燃烧他一身 206 块骨头时
发出噼噼啪啪的声音
他想过酣畅淋漓地喊一声疼吗?

他把他的死堆在高地上
一堆灰烬!一堆灰烬从此成为我们这片
千疮百孔大地上的
一块补丁

我知道同一时刻,夕阳正照耀
他故乡的那道山梁
远远看上去,像一锭烧红的铜

烤　蓝

我要写到火　写到像岩浆般烧红的炭
写到铁钳　铁锤　铁砧
写到屠杀和毁灭前的
寂静。而我就是煨在炉火中的
那块铁　我红光烁烁
却软瘫如泥　正等待你的下一道工序

我要写到铁匠的饥饿　仇恨　愤怒
写到一条雪白的大腿从顶楼
的窗口伸出来　打翻昨夜的欲望
我要写到比这更剧烈的
冲床　铣床　刨床　它们的打击是致命的
足以一剑封喉

我要写到血　它们在铁中隐身
粒粒饱满　有着河流般的
宽阔　蛮野　生猛
却不允许像河流那样泛滥
我要写到地狱　写到它与天堂的距离

就像我与死亡的距离　近在咫尺

我要写到这块铁从高温的悬崖

跌落下来　迎接它的是

零度以下的寒冷　然后带着这一身寒冷

再次进入高温——如此循环往复

并在循环往复中脱胎换骨

渐渐长出咬碎另一块铁的牙齿

我要写到烤在这块铁上的那种蓝

那种炫目的蓝　隐忍的蓝

深邃而幽静的蓝

我要写到这种蓝的沉默　悬疑

引而不发　如一条我们常说的不会叫的狗

如一颗在假想中睡眠的弹丸

十二枚钉子

阳光砸在我头顶上。阳光响亮地
砸在我头顶上。我们十二个人
在八月的太阳下，站成十二棵树
阳光响亮地砸，响亮地砸！它要把我们
砸弯，把我们砸扁，把我们深深地
砸进泥土中去，砸进岩石中去

我们目视前方。我们不动。我们
十二个人。十二个患难兄弟。十二团
日夜抱紧的血肉，在八月的太阳下
站成十二棵树。十二根木桩。十二道
雪白的栅栏。我们惟一要做的，就是
把自己的影子，狠狠地砸进泥土

我们来自十二个方向。十二条道路
十二滴黏稠的血。又被十二道
耀眼的光芒，删繁就简，千锤百炼
但我们不动，就是不动！直到让阳光
的瀑布，打落病中的叶子，直到让

年轻的骨架，回响金属的声音

八月的太阳多么酷烈！八月的烈火
穿过我们的十指，在熊熊燃烧
八月的阳光在我们的头顶上响亮地砸
响亮地砸！它要把我们砸成十二道
墙。十二道关。十二枚亮晶晶的钉子
钉下去，便再也拔不出来！

步兵们

啊啊！我属水的肺叶，应该
长出鳃；我属土的脚掌
应该长出蹼；但我属火的喉咙
必须继续用来呐喊，我每天
都要喊醒草，喊醒沙，喊醒
深藏在我身体里的那头野兽

多么苦命的职业！与虎狼
为邻，危险而又凶残，就像
一只奔跑的缸，我随时都将
被风打碎；或者我就是风
凌厉并凶猛，我呼啸，我怒吼
只为打碎另一只奔跑的缸

就这样前进，前进！让我的骨骼
在生长中断裂，在断裂中生长
因此我骨节粗大，你只需轻轻一敲
便能听见岩石的回声；因此我
移动，是大地的一块皮肤在移动

是祖国的一块骨头在移动

汗珠和血珠从我高耸的额头上
滑下来，滑下来，再滑下来
那运动的方式，沉重而舒缓
构成从山脉到河流的走向；又像
一滴岩浆，在黑暗的溶洞里
滴落，让时间悄然坠入虚空

因此我手里的枪，我原始而沉重
的属性，只能用我脚下的力量
命名；因此我腾挪，我攀升，我
匍匐。我一步，一步，又一步
先迈出左腿，但决不会想到
我还能把右腿，重新再收回来

告诉你：在这个硕大的世界上，根和
翅膀，是我最想得到的两样东西

歌，或者赞美

唱个歌吧！在队列里，在行进的大道上
一堆火就这样燃烧起来；一条大河
就这样奔涌起来；一阵阵雷霆
就这样轰鸣起来，震荡起来，山呼海啸起来
唱个歌吧！兵心似铁，歌如炉

此歌非彼歌，这是需要特别强调的
就像我们必须特别强调
你无需字正腔圆，无需柔肠寸断
但这样的歌唱起来，你必须青筋暴跳
必须血脉偾张，直至嘶哑

就像一座山怒吼着，咆哮着
撞向另一座山；就像一群烈马撒开四蹄
在原野上狂奔，踏起漫天烟尘
就像德沃夏克用重槌和弓弦，用震颤世界的
铜号，喊醒一片沉睡的大陆

而在歌声中沉浮，在歌声中站立和行进

你是幸福、快乐和勇猛的
因为你正被一种力量提升和融化
当你打开喉咙，其实就是打开生命的
阀门，让热血如大河放纵奔流

也许这是最后的时刻，旗帜上满是弹洞
鲜血就像溃堤那样喷涌而出
我们说唱支歌吧
这时这支歌就成了我们最后的堡垒
成了我们用身体射出的，最后一粒子弹

望着这些新兵

站在操场上　这些用时代的化肥
像树苗那样催大的新兵
他们的眼神是散乱的
他们的皮肤　我怀疑只要用指甲
轻轻一划　就能渗出血来
而当微风吹过　吹动他们穿着的那身崭新的
却松松垮垮的军装
这时你怎么看　他们怎么像一畦畦
嫩绿的　刚刚长出来的韭菜

我站在队伍面前久久地望着他们
用锥子般的目光
反复瞪着他们　刺着他们
我厉声喊道　都给我注意啦　稍息——立正！
我喊你们头要正，颈要直
两眼要目视前方　胸膛要像山岳那样
高高挺起来　小肚子要像学
女人束腰　让前腔贴向后背
而两臂要自然下垂

53

食指贴于裤缝　两腿要像剪刀那样

夹紧　再夹紧

不能让一丝风　从那儿吹过……

我知道我在扮演军阀的角色

恶魔的角色

望着这些新兵　我狠毒地

呵斥他们　嘲讽他们　激怒他们

在他们自尊的伤口上撒下

一把盐　又一把盐

偶尔　我还会用脚踢他们

用手故意扯一下他们的耳朵

我说　我现在要让你们的

每块肌肉　每条神经

都停止思想　都要无条件服从我的意志

都必须像遇到火那样

下意识地收缩　躲闪　弹跳

我说此刻在你们的脚下

就有一团烈火在燃烧

请想想　你能无动于衷吗？

我甚至要让他们咬牙切齿

像我瞪着他们那样

瞪着我　在眼睛里公然打开一把

短剑或匕首

你看这些乳臭未干的新兵
这些即使站在队列里
仍然在东张西望的
孩子　他们的眼睛是多么的清澈啊
清澈到没有任何一丝阴影
清澈到没有仇恨
但一个士兵怎么能没有仇恨呢？
一个士兵的眼睛里
怎么能像天空那样空荡呢？

那就从仇恨我开始吧！从我
把你们钉在这里
从我把你们扔进狂风暴雨
用无穷无尽的奔跑
与负重　灼烫与冷藏　消耗与折磨
开始……直到让你们
迸出全身的力气
对我　像狼一样地发出嗥叫

战争是一把多么锋利的刀刃啊
望着这些新兵
我坚硬如铁
就是不想让他们像韭菜那样
届时，被一畦一畦割去

热爱这支枪

你可以把它想象成一道堑壕
一座环形高地
一个随身携带和移动的堡垒

一个士兵有一千种理由
热爱这支枪
就像一个婴儿有一千种理由
咿咿呀呀，热爱他每天含着的奶嘴
或者你可以把它想象成恋人
想象成继承你天性的孩子
每天搂着它，抱着它
枕着它入眠
与它形影不离，相亲相爱

我们知道凡枪都有枪号
却没有档案（虽然我们认为它应该有
但确实没有）这就使一支枪
变得陌生和神秘起来
变得有点来历不明

比如你是否知道：在你接过它之前
有谁曾佩带过它？
在战场、靶场或案发现场
有谁使用过它？
从这支枪的枪膛里飞出去的子弹
曾杀过人吗？杀死过几个人？
他们是好人还是坏人？
如此一想，一支枪握在你手里
你就会忍不住颤抖一下
这支枪就会变得
沉重，悬疑，不怒而自威

枪都是有灵性的。用过枪的人
或与枪打交道的人
都这么说，而且在说这话时
脸上都浮现出对枪的迷恋、偏爱和敬畏
因此。你必须不断地擦拭它
摩挲它，用你手中和怀里的体温
像温润一块玉那样
悉心地抚摸它，温润它
让它和你一道思想和呼吸
一道潜入意志的岩层
那时，它便会对你开口说话
对你吐出它深藏的奥秘

你摸得出一支枪的心跳吗？

听得见它偶尔的咳嗽

它在失意的时候

或落寞的时候，对着无边的寂静

独自低语和呻吟吗？

一支枪交到你手里

你如果不能像抱孩子那般抱紧它

呵护它，与它患难与共

肌肤相亲，当危险来临的时候

当你四面楚歌的时候

它凭什么伸出钢铁的手臂

死死抱紧你？凭什么像条猎犬

那样，呼的一声蹿出去

帮助你怒吼，撕咬

让你死而后生，在绝地展开反击？

我至今还记得我用过的那支枪

记得它是：中国制造

五六式，仿苏 AK-47

单兵装备五个弹夹，150 发子弹

既可单射和连射

也可慢射和速射

枪号：19541205307406

而我记住这支枪，是因为它在陪伴我的

那些日子里

我用它陪伴着我的祖国

岁岁平安，从未用它杀过人

闲暇时数数子弹

最优美的身子与最狂野的心脏
结合在一起
这就是竖在我面前的子弹

我在看着这些子弹，数着这些子弹
我把配发给我的十粒子弹
弹头朝上，一粒一粒竖起来
像队伍那般排列起来
认真地数，仔细又反复地数
我想每粒子弹其实都是
一只鸟
一生仅能鸣叫一次，飞翔一次
在它还没有鸣叫和飞翔时
我要数清它们，就像数清我的手指

就像每次发起进攻之前，我必须
数清楚站在我面前的十个士兵
他们可都是我的兄弟
年少气盛，也像一排子弹那样在蓝天下

竖着，怒放金灿灿的光芒
而我知道走进战争的人
有如飞向战争的子弹，当他们呼啸而去
这时你的手指就断了
这时候如果拾起一枚弹壳
你将看见它在滴血，在呜咽

闲暇时数数子弹，而且要认真地数
仔细而又反复地数
这是我在当兵时形成的习惯
我乐此不疲的一种嗜好
是这样的！我不认为这是一种游戏
一道简单的算术练习
就像我不认为谁都能数清子弹
谁都能掂出一粒子弹的
重量、质量，和它的爆发力

哦，子弹的造型，实在是太优美了
你只有把它压进枪膛
听见砰的一声，又噗的一声
你才知道战争有多么丑恶

放牛班的春天

三个兵和三头牛，构成一个战斗序列
这源于那个特殊年代的荒诞
源于一支部队放下枪
向荒原挺进，向庄稼和农事挺进
把我们这些兵，像放牛那样放回土地

我们因此成为一个最小的军事单位
最小的编制班
我们三个兵每天全部的军事行动
全部的生活和生存内容
就是把三头牛赶上山坡，看它们吃草
然后便等待这三头牛，开口说话

这年的春天首先是被施培来发现的
施培来是班长施培来放的那头牛
那天施班长坐在草丛中
读着一纸命令：部队回归建制
三头牛送地方屠宰场屠宰
叫施培来的牛好像也认识命令上的文字

顿时不吃不喝，眼泪像雨那样落下来

叫杜立明的那头牛刚在小水洼里打过滚
浑身粘满厚厚的泥浆
此刻它甩着尾巴，赶着讨厌的蚊蝇
正在心思重重地晒太阳
它知道爱犯困的青岛兵杜立明
正在草丛里打呼噜，一时半会还醒不来
必须赶紧把一身的泥晒干

叫诗人的那头牛再次显得烦躁不安
它既不像施培来那样在草地上
发呆，也不像杜立明那样在水洼里打滚
仿佛有一件事总也想不起来
就像我年少轻狂
每天都在纸上胡涂乱抹
被暗藏的野心折腾得惶惶不可终日

屠宰场的卡车是在第二天早晨开来的
当三声喇叭嘹亮地响起
叫施培来、杜立明和诗人的三头牛
早早来到一片山坡
哦，那儿是它们登车的地方
水草丰美，如同它们预留的一个梦

我对春天和生命严峻的认识
就是在那一天开始的
那一天，这三头牛站在水草丰美的山坡上
从不抬头，始终在一丝不苟地吃着
生命中的最后一把草
好像草里的滋味，永远也尝不尽

如果这三头牛真能开口说话
我想它们一定会说——
"噢，请等一下，再等一下
就让我们低下头去，静静地，静静地
把这一坡的草吃完……"

给儿子的遗书

这夜晚的台灯暗如你哭红的眼睛
我就在你的眼睛里写着什么
我写得泪雨滂沱

天亮之后，我就要去造访那座
苍老的名山，不是每个去那儿的人
都是去旅游的，许多像我一样
年轻的男人，正蜷卧在山下的某一个洞穴
他们有的也有儿子，有的却从未
触摸过女人细嫩如水葱的皮肤
那儿六月飘雪，腊月
流火，空气里飘浮着阳光的焦煳味

写你的时候我就想起你的样子
你的样子滑稽又可爱
你单眼皮下的黑眼睛总注视着
我和你妈妈，以至朝向我们的半边脑袋
已睡得陡如刀削
人的天性是不可改变的

不可改变的还有人的生命，在那儿
随便飞来的一只鸟儿都有可能
击中你的头颅，反之你也会成为一只鸟儿
去击中另一个人的头颅
一颗头颅的破碎就如同一只果实的破碎
漫长的期待等来的是瞬间的覆灭
破碎总是在瓜熟蒂落的时候
破碎之时悄无声息

然而我是不会死的，我额头高耸
心地坦然，因为你就是我
在这赝品充斥于市的世界
惟有我是可以被你复制的
我会因为你而千百年地存活下去
我不知道这是人的幸运
还是人的悲哀

这样我就想起几十年后的某月某天
你该带上你那漂亮而聪颖的新娘
去南方的某片草丛
寻找一座土丘

服　从

他是个小伙子，英姿矫矫
佩戴手枪和暗淡的金纽扣
走路时一派大丈夫风度
那头盔却是个闪光的射击目标
　　　　——埃利蒂斯《英雄挽歌》

那人血脉偾张心跳强劲如剧烈的槌
在咚咚地敲击脚下的大地
如我。那人眼睛漆黑鼻梁挺拔
一张英俊的脸，就像八月熟透的葵盘
也如我。那人皮肤……还如我

我是沿着标尺、准星和他那颗头颅
这射击要领中的三点一线
看见他的；我甚至看见了他上下滑动的喉结
看见了他薄薄的嘴唇上一根一根
纤纤茸毛，就像刚刚返青的小草

他当然也在同一个距离，同一条射线上

看我，同样也看见了我的喉结

看见了我像小草一样刚刚返青的那层茸毛

我看见他笑了一下，又笑了一下

那种孩子般的纯真，几乎让我沉醉

只有等待，耐心地等待，冷静地等待

我告诉我自己：我要让我手里的枪

服从我的手指；我要让我的手指

服从我的心脏。我还要让枪膛里卧着的子弹

服从气候、弹道和大地的引力……

这些都是我们应该做的，必须做的

我知道我和他都热爱生命

都想获得功勋、荣誉和鲜花

这时，你即使给我们一个针眼，我们也要

从这个针眼里，勇敢地穿过去

我和那人只能这样用枪口

相互套牢，连气都不敢喘，连眼睛都不眨一眨

我们甚至在相互致敬；但结局却是

谁能够活下来，谁就是英雄

谁一旦倒下，谁就成为烈士

大　雨

火光刺痛我的眼睛。那么多尖牙利齿的鸟
在疯狂地向我扑来，又在疯狂地
啄食我身上的谷粒。我是一棵刚拔出田野的
庄稼，在大雨中跋涉
闪电搬过来一架奔跑的梯子

大雨在前面追我，大雨在后面追我
那逼人的速度，正在医治我曾经的狂热和盲目
一滴雨滴入我的身体，在我的
骨缝里嘀哒，让我听见祈祷的钟声
正从辽远的地方，袅袅传来

我的手缓缓地划过天空，缓缓地划过天空中
更猛烈的雷霆，更耀眼的闪电
和更密集的雨滴，就像一只音乐的手
伸出黑色的袖管，突然
碰响一支庞大的打击乐队

哦哦！我还想再得到什么，我还能再丢弃什么

滴入我心脏的是另一滴雨

这一滴雨足以让我腐烂，又足以

让我再生，就像一根草将带领一个春天

在来年的这片山谷，卷土重来

极地狂奔

谷地如悬河，高悬于
青草之上，和我的额顶之上
河水哗哗从我的胸腔流过

投入河中我从未想到
我的名字我的梦幻
和我所有的允诺
都已交付给对岸的那只眼睛
投入河中我只想到
收割的季节已经来临
河的对岸
有我的一片成熟的麦地
投入河中我把枪
兴奋地握在手里
犹如捕猎的爱斯基摩人
兴奋地握着鱼叉

因而当一颗种子
无声地点破我的皮肤

我只感到从未有过的一阵轻松
于是我便自由地坠落
如一片雪花
快乐地被土地融化

（而那颗种子，那颗种子
从此再也不会发芽）

从河谷重新站立之时
我看见河水已退去
干涸的河床上布满陶片和鱼骨
和一些与盔钉与紫缨与花翎
纠缠不清的化石
我踩着一河石子继续走去
此刻星汉灿烂
我和满天的星斗
彼此照耀

那岸是永远不可企及了
尽管岸上有许多温柔的手臂
正向我抛撒花瓣

他们的名字

太阳照常升起
你照常在裸露的岩壁上
用折断锋的刺刀
刻那些名字

那些名字都很亲切
你每刻下一笔
都能触摸到他们的体温
听见他们呼呼喘气的声音
以及闻到从他们身上散发出来的
那种血味与汗味混杂的气息

有些名字已经被风雨剥蚀
你就沿着被风雨剥去的纹路
重新镂刻起来
于是被剥蚀的名字
渐渐清晰
你这时就听见了遥远的笑声
从猝然裂开的石缝里

隐隐传来

后来有块跟踪你很久的弹片
尖叫着，向岩壁下砍来
后来在本该刻上你的名字的地方
溅满了花的颜色
和火的颜色……

这些都是后人们想象出来的
像游人走进古老的山洞
想象那些古拙而破败的岩画
只是这岩画般的石刻还清晰如初啊
有如刀片划进肌肤
还未渗出鲜血的
那些伤口……

流弹意识

拍死一头苍蝇抑或消灭一匹蚊子
总在一念之间
之后，我们照样喝浓浓的茶
照样灌鼓满泡沫的啤酒
五点钟的太阳照样撞向黎明之钟

说秋天总有落叶的时候你就站在断崖上
手里摇着一朵野花
断崖上风很大，山风吹起你的衣角
像旗，又像一缕袅袅炊烟
你密密的胡楂总让人想起古诗里的
某一个名句
对了，你磨牙的声音尖锐刺耳
昨夜折腾得我们差一点火并

突然啊的一声
你就栽倒在战壕里
从你手中脱落的花瓣还在空中飘舞
刚刚扔下的烟蒂还在山坡上燃烧

你就栽倒在战壕里

流出一些血

这过程与战争片里那些演员的表演

简直有些雷同

但你栽倒在战壕里

再也没有起来

惊讶的是仍然站在断崖上的人

我们咬破手指

也不敢相信这不是梦

我们就从断崖上跳回战壕

把手伸进你的鼻翼

就有一种探入冰窟的感觉

直到这时候我们依然不敢相信

手和手一旦分开

竟永远不能相触

现在我还能说什么呢

你因站在我的左边坟头上已开满鲜花

我因站在你的右边如今依然在太阳下行走

夏天来临，我们照样喝浓浓的茶

照样灌鼓满泡沫的啤酒

并且照样高举起拳头

拍死那些苍蝇消灭那些蚊子

只是从此后我就有了一些忧郁

就常常发一些诗人的感慨
静下来的时候
就格外想念仍在远方的一个朋友

我的朋友在西藏当兵
他走在路上
总爱清点自己的手指

零点归来

零点
在最后一次军列的最后一节车厢
你划亮一根火柴

火光摇曳
摇曳的火光显影液般地
从晃动的闷罐车厢的地板上
显现出许多人影
那些人影如排炮响过之后
沉寂在山谷的碎石

鼾声此起彼伏
有磨牙声尖锐划破寂静
但所有眼睛都圆睁着
如高地上圆睁着的枪口
枪口里埋藏着风暴

马灯已悄然熄灭
火光在圆睁的眼睛里静静燃烧

你就静静地在每一只眼睛里
坐成一棵消息树

你无法不这样
把火柴一根根点燃
再用它照亮漫漫历程
你无法不这样，无法不这样
那一刻轰响突起惊悸突起
所有的手
都在寻找枪

窗外，雪花开始飘落
冬季正布置新的围困

咖啡馆轶事

黄头发的法国人理查德·克莱德曼的手指
总把咖啡馆的情调
弄得无比忧郁
那曲子说秋天在窃窃絮语
红叶飘落的小路上
正响彻情人们沙沙的足音

其实秋天早已到来
漫山的叶子已经悄悄落尽
这没错。我们就是三片落叶
从同一座山上飘落
又一同飘落在这间咖啡馆里
有谁计算过从离去到归来
我们失踪了多少日期?

还是那支关于秋天的曲子
还是那张临窗的开满红山茶的餐桌
老板娘还那样年轻而漂亮
只是时间在她曲线毕露的肌肤上

更换了另一种妆饰

三个人围拢的桌面
端放着四杯浓浓的咖啡
咖啡已经加得很满了
咖啡热气腾腾
腾腾热气升起又落下
如那一山的硝烟喷起又飘散
最终冷却成一片苔藓

秋天是一个多么复杂的季节！

走过秋天我们便同秋天一样浓烈
又一样的默默无语
看见那杯再也无人端起的咖啡
我们谁也说不出
——味道好极了

有关水的传说

这条坑道怎么变得这么长啊
这条坑道又是在什么时候
改变了它的走向呢?

他这样想着
摸　来　摸　去
总被坚硬的墙壁挡回
他感到碰响过什么
声音沉闷且短促
（可不像横在坑道口的那把铁锹）
他就呆呆地站在原地
静静地听
静静地听

突然电灯亮了
灯光炫目而逼人
穿睡衣的妻子正怔怔地看着他
眼里蒙着一层霜花

他惊惶地回过头来
看着妻子
然后歉疚地笑笑：
"哦，就是这样，就是这样
那时候我们夜夜都被渴醒。"

"哦！睡吧，睡吧！"
说完他径直走回了卧室
进门的时候习惯地弯了弯腰
忽然又想起了什么
就再次回过头来看看妻子
再次笑笑

从此后他夜夜无梦
从此后他蜷缩在妻子的怀里
像一只温驯的猫

从此后寂静的厨房里
夜夜传来滴水的声音

一个伤兵对腿的怀念

市声噪起
他总喜欢扒在窗台上
看那些城市的腿
那些男人的腿和女人的腿
从暖色的光斑里
匆匆移动

夏天已经来临
腿们欢快地裸露着
洁白，颀长
如白杨树干般地
撑起裙裤或者泳装
行进时像纷落的雨点
在光滑的水泥路面腾跃碰溅
他常常为这些腿
为这些腿行走的姿势
和噼噼啪啪踩响的声音
激动得热泪盈眶

现在正是清早
洒水车的铃声露珠般滚过
水龙头撒开的扇面里
无数条腿纷至沓来
踩起一片水花

他记得他的腿也曾这样
噼噼啪啪地踩过田埂
记得草尖在裸露的脚板
扎起的那种麻麻酥酥的快感
以至每每想起这种情景
那条空空荡荡的裤管里
依然奇痒而难忍……

雨天，狙击手

多雨的夏季
你在城市的大街上行走
就像一片树叶或者一只蚂蚁
在枯黄的原野上移动

雨水淅淅沥沥飘落
那些镶在花花绿绿雨衣里的影子
匆匆走来又匆匆走去
还有楼群。塔吊。街头雕塑
和闪闪烁烁的霓虹灯光
都朦胧在一片雾里
如南方的某一片风景

在那片风景里你卧了很久很久
你的脚下拥满积水
你卧过的地方被蚯蚓一次次翻晒
又被碧草一次次封盖
那些碧草却怎么也封盖不住
你歪歪扭扭刻在枪托上的

那一串形体相似的名字

这样你就换了一种表情
这样你的四肢你的血脉
就有一种被什么贯通的感觉
你右边的眼睛粲然放光
光点总聚焦在那些花花绿绿雨衣的
第二与第三粒纽扣之间

现在你依然在大街上行走
雨水依然淅淅沥沥飘落
没有人发现埋伏在你右臂下的那根
手指，正在悄悄弯曲
并微微颤抖……

四月五日纪事

再次相约
犹如初次团聚
我们静静地坐着
你静静地躺着
只是静静躺着的你不再用军帽
遮住垂照的阳光

依然是四月
阳光如散落的金币
在你的面前静静地堆积

还有酒　吉他　和歌
以及开满一地的白纸花
酒香使我们的血脉我们的泪腺
渐渐地变得亢奋起来
像雨季里的洪汛
为你而汹涌

终于有人抬起头来

用颤动的手再次点燃一支烟
我们依然静静地坐着
看着香烟在你的面前袅袅地燃烧
这时就想起你抽烟的样子
歪戴着作战帽走路的样子
和倏然间拉响导火索的样子……

一支香烟就这样静静地
燃成了灰烬

隔墙的声音

回家的路已经迷失
红土用温暖的植被覆盖起士兵
如同地膜覆盖起越冬的种子

那些士兵里有我
有我熟悉和不熟悉的许多面孔
我不知道我怎样来到这里
只知道我的颅顶，我的胸腔
还脆嫩得像抽穗的麦秆
使所有走过这里的人
都听得见拔节的声音

最难耐的是寂寞
天空用一千种一万种版式
排印出一千种一万种版本的
百年孤独。千年孤独。万年孤独
也被我们读得纸页翻卷
读得铅字脱落如雨
黑色就这样一年又一年地

漫过岁月……

但我坚信能找到同伴
就像坚信石碑终不会沉默
每当太阳落下叹声响起
我就擂响墙壁
并且呼喊——

"隔壁有人吗?"

黑罂粟

如果你的嘴唇有幸和它相触
你是无辜的
穿过旧梦你将看见它大朵大朵的花冠
在天空下缓缓开放
遮天蔽地！如缓缓展开的云团
缓缓展开的墨渍和火焰

多么美丽而辉煌的瞬间！
它来自若干年前
我们反反复复咀嚼过的
某一段场景——

那时候我们正迎着雷雨
在一片开阔地里狂奔
棱角分明的脸上涂满夜色
我们已无暇旁顾；只顾得
把一茎草含在口中
让四肢火一样地燃烧
又火一样地漫向对岸

当我被一声闷响猝然绊倒

猛一抬头

才看见那隐形的花，沉迷的花

正在对岸的枪口上

扩张成最后一片幻象

进而我飘向高空

仿佛一刹那走完人生的四季

从云层里俯瞰这大地

我发现我的和许许多多的面孔

在山坡上迷迷蒙蒙闪耀

安闲且肃穆

像那花浮映在水里的倒影

……现在你看见了这朵花吗

你看见了它长卵形的叶子和叶子边缘

那锋利如锯齿般的缺刻吗

现在是秋天，花朵已枯萎

它美丽的萼片已像痂壳般脱落

现在这花就悬垂在我的头顶

它抱紧的根茎纵横交错

正河流一样流淌在我的脉管里

幸福是忧郁的，哀伤也忧郁

当我依恃这片花朵

沉入黑暗，然后长醉不醒
忘却一片疼痛……

然而你们！你们这些
活着，而且清楚地知道疼痛的人
你们这些整日迷恋于花丛的人
请从我的身边走开！就留下这片花
醉我永不愈合的伤口

四十二年那么厚的一种钢铁

我在穿透四十二年的一个孔隙里
看他——

冰天雪地。生命中的第一班岗
旷野上的风像一群猛兽
在相互厮打，吼声如雷；有几次把他置身的岗楼
推搡得摇晃起来。他下意识把手
伸向扳机，又卜意识
缩回来
他感到他触到了一块巨大的冰

那天他记住了度日如年这个词
其实度一班岗也如年
一生多么漫长啊！当时他想，就算活到六十岁
年满花甲，也还有四十二年供他
挥霍。确实如此，他当的是炮兵
用破甲弹打坦克那种
当时他又想，那么四十二年近半个世纪那么厚的
一种钢铁

用什么弹头，才能将它击穿？

2015 年 2 月 28 日是个平常的日子
我的上司通知我不要上班了
准备收拾东西回家
他说呵呵，辛苦了，到站了，接下来的每一个日子
你都可以去钓鱼，去游历名山大川
也可以去寻医问药，治治
长年累月被压弯的颈椎、脊椎和腰椎

我愣在那里，恍恍惚惚又怅然若失
透过穿越四十二年那个孔隙
我心里一惊：四十二年近半个世纪那么厚的一块钢板啊
嗖！嗖！嗖！就这样被我击穿了？

透过穿越四十二年那个孔隙
我看见十八岁的他，仍然傻傻地背着那支
老式 AK-47 冲锋枪
站在风雪中的岗楼里，不时倒着脚

身体里的钟声

大地上万物皆有信使

我们是既渺小又伟大的物种：春天用万紫千红

给我们写信，报道这个世界阳光灿烂

晴天永远多于雨天；夏天

燃起一堆大火，告诉我们食物必须烧熟了再吃

或者放进瓦釜与铜鼎，烹烂了再吃

秋天五谷丰登，浆果像雨那样落在

地上，腐烂，散发出酒的甜味

冬天铺开一张巨大的白纸，让我们倾诉

和忏悔，给人类留下证词

而妹妹，这些都是神对我说的，它说大地上

万物皆有信使，就像早晨我去河边洗脸

不慎滑倒，木桥上薄薄的一层霜

告诉我河面就要结冰了，从此一个漫长的季节

将不需要渡轮。甚至天空，甚至宇宙

比如我们头顶的月亮，你看见它高高在上

其实它愿意终生匍匐在你脚下，做你的

奴仆，即使你藏进深山，修身为尼

它也能找到你的行踪，敲响你身体里的钟声

向天堂的蝴蝶
——题同名舞蹈

今夜我注定难眠！今夜有
十七只蝴蝶，从我窗前飞过
就像十七朵云彩飞向高空
十七片雪花飘临大地；十七只蝴蝶
掀动十七双白色翅膀，就像
十七孔的排箫，吹奏月光

十七只蝴蝶来自同一只蝴蝶
美得惊心动魄，美得只剩下美
十七只蝴蝶翩翩飞舞，携带着
谁的哀愁？谁的恩怨？谁的道别
和祈祷？十七只蝴蝶翩翩飞舞
就像十七张名片，递向天堂

音乐的茧被一阵风抽动，再
抽动，丝丝复缕缕，让人感到些许疼痛
谁的心就这样被十七只蝴蝶
侵蚀？并被它们掏空？牵引出

一千年的笙歌，一千年的桃花
与一千年的尘土血肉相连！

十七只蝴蝶出自同一腔血液
同一簇石中的火焰，那噼噼啪啪
燃烧着的声音，是谁在大笑？
死亡中开出的花朵，是最凄美的
花朵啊，它让一切表白失去重量
更让我汗颜，再不敢旧事重提

啊，今夜我注定难眠！注定
要承受十七只蝴蝶的打击和摧残
可惜太晚了，已经来不及了
今夜十七只蝴蝶从我窗前飞过
我敲着我的骨头说：带我归去吧
明天，我要赎回一生的爱情

瓷，或者赞美

都在写瓷！我认识的男人怜香惜玉
我认识的女人痛心疾首
而我们的瓷器却早已习惯了黑白颠倒
它让所有的忧伤，所有的
赞美和自恋，从此无地自容

我要指出的是瓷器的清白，那一种坚持
不是虚无，也不是空
更不容滑腻腻的手掌轻易染指
啊，瓷器太高洁了，并准备冷酷到底
为此，它宣布今生不再要体温

但它需要呼吸，而且从来都在呼吸
从来都只发出自己的声音
如果你红颜一怒，请把它粉碎吧
粉碎的瓷器恰恰以粉碎而再生
如同铁铲下的蚯蚓，如同伟大的思想

是的，是的！瓷器是有灵魂的

它会在黑暗中走动，会在奔腾的浊流中
保持一个朝代的品相和高贵
甚至拒绝比喻，拒绝无聊的攀附
因而它不朽，它永垂不朽……

瓷就是词？我相信这是神的启示
不然这汉语中最微小的颗粒
何以光彩照人？何以让众多大师失语？
词和瓷站在一起，如同赤裸的美妇站在浴室
看见它，你必须长出第三只眼睛

梅，或者赞美

我的兄长把手举上天空
我的父亲把手弯下大地
最高处才是我爷爷，他用
一生的力气，把手攥紧
又用一生的力气，把手绽开
梅，是从他骨节粗大的
手掌里，迸出的火焰

我自然还小。我四十岁的手
只配浸在春天的雪水里
慢慢地泡；只佩伸进夏天的
烈火中，狠狠地烤
我四十岁，嘿！我还年轻
刚攀到秋天；我的目标
是跑进冬天，接近冰冷的铁

喂，俗不俗啊，还未分出性别
你们就喊他白雪的妹妹！
姓一分温柔，便疑为佳人

着一袭红衣，便忙递殷勤
俗不俗啊，先摸摸他
昂起的脖子吧，在那儿
还挺着个硬硬的喉结呢

正是这样：这就是我的梅！
我兄长的梅！我父亲的梅！
只有我爷爷的梅开过了
开过了他就把自己埋在梅树下
就像那个凶悍的哥萨克
打完仗，带着满身的伤痕归来
然后把枪，扔进静静的顿河

境　界

劳动！我是这样想的。当我
弯下腰去，用渐渐枯瘦的手指
挖掘和种植，榨干生命中的
铁和盐粒，滋养诗歌的根系
这是我的天性；不管未来的花朵
将被谁摘去，将戴在谁的头上

我是这样想的：当我劳动着
我就是这片土地上的花朵，就是
从这片土地中涌出的阳光和海水
就是从这片土地中展翅欲飞的
一只鸟——我啁啾，我歌唱
是这片土地在啁啾，在歌唱

采花的女人！我是这样想的
别以为你身上长着花刺，你就能
独霸花园，并用你艳丽的名字
给这些花朵命名；采花的女人
当你采下一朵花戴在头上，

将有更多的花汹涌而来，把你淹死

是的，劳动！这曾是我全部的
生活，我生活中的全部秘密
开出隐性的花朵，并且鲜艳欲滴
逐渐加重春天的荒芜
就像一只蟋蟀潜入黑夜，鸣叫
使高贵的爱情变得轻如鸿毛

采花的女人呵，你寻寻觅觅
却误入花丛，错把开花的声音
听成你灵魂歌唱的声音
但当你转身离去，当你的脸
被你采下的这朵花映红
你可曾听见谁在土里咳嗽？

雷 雨

我们能不能在一张白纸上虚构雷鸣？
能不能让这场隐形的临近爆破的雷雨
在这个夜晚，从陡峭的高空
劈下来，砍下来，坍塌和崩溃下来？

就像我疯狂的父亲在二月的原野上
把铁镐狠狠地砸向冰雪
他要砸开春天的一把锁，夏天的一条河
秋天隆隆升起的一座谷仓

热浪滔天！有多少青草在隐隐燃烧
有多少虫子和沙子喊哑了喉咙
我铺开这张白纸也在迅速翻卷
每栽下一个字，都传来焦煳的气味

我和我父亲都是最普通的劳动者
最艰辛的跋涉者和殉道者
这期待中的雷雨，我们只需要一滴
如弱水三千，我只取其中一勺……

冬天是只杯子

那么深的峡谷，那么陡峭的悬崖
一生的沸水注入其中，也只是
盈盈一握，像什么事都没有发生
澄澈，是一块海纳百川的水晶？

我是说杯子，冬天是一只杯子
我是说老人，老人是一个冬天
爱过了，恨过了，又被凄风苦雨打过了
正像李家的哥哥，看尽长安落花

而且是玻璃做的，你的眼和你的心
慈善，宽广，仿佛一圆朗月升向天宇
那是什么样的高炉将杂质汰尽？即使
訇然粉碎，也只不过意味卷土重来

啊！站在悬崖上，那么美，那么静
那么吐气如兰——我是说，同在冬天
你能失手打碎一只杯子，但你打不碎
一个老人，时间是他紧握的奥秘

阅　读

让我们贴近这些词！让我们贴近这些
黏稠的词，锋利的词，和诡谲的词
并且把它们一一剖开，抑或被它们
一一剖开，静听金属下沉的声音

必定有一座高山让我们终生仰止
必定有一片大海把我们灰飞烟灭
当我们被一个个词所绊倒，必定还有
一面面镜子，照见我们猝然苍老

无数个词被反复分解，就仿佛无数把刀
被反复磨砺，并以纯粹的锋刃
测试生命的高度；或者如稀薄的风徐徐吹来
把人类最珍贵的阳光，从泥污中掀起

让我们团结起来，贴近这些词
贴近这些最单纯又最坚硬的物种
有如把钉子打进悬崖，让这些
最古老的嘴巴，说出神的奥秘……

墙上的钟

一朵花，一棵树，或者一粒种子
总是在夜晚焚烧，然后在白天
展开它们的面容。当我们被它们映照
有谁知道它们的胸中正深藏大梦？

一缕烟在天空滑翔，一只鸟在
树杈间歌唱，这是谁也无法洞察的
当天上的阴影和歌声，同时抵达
有谁知道奇迹就在这一瞬间诞生？

一根针为什么穿不过一峰骆驼？
一个人为何不能同时踏进两条河流？
早起的人，当你在一缕霞光里奔走
一缕霞光，刚好与你的生命相等

这就是挂在墙上的钟。这就是居住在
钟表里的诗人——他们开辟出花园
他们建筑起城堡，而后便静静地看着
红色的花在凋谢，黑色的花在上升

欢乐颂

（听贝多芬同名交响乐）

镭光闪现，感谢你为我搬来这架梯子
搬来这架黄铜的梯子和白银的梯子
我们的城市正陷入一场大火，有一种东西
正向四处蔓延，但我庆幸我还能拨开
头顶的那片乌云，有了向上的欲望

必须进行抵抗！就像用鲜花抵抗车轮
用岩石抵抗台风和海啸，用贝多芬聋去的
一只耳朵，抵抗世界最强大的噪音
就像从我窗外开过去的这一小队防化兵
为抵抗疾病，开始动用手中的武力

就像此刻我站在《第九乐章》的梯子上
开始攀登，并在长笛、圆号和低音鼓搭建
的梯级上，用掌心点燃一支蜡烛
火光就在这一瞬间跳跃起来，又跳跃起来
于是欢乐收拢的翅膀，重又打开

是的，欢乐！这是我们共同拥有的阳光
共同需要的空气和水源，是手与手
在热烈相握中，相互传递的光芒
当然它还可以是一杯美酒，那么就让我们开怀
畅饮吧，让杯与杯碰响天上的声音

人啊人啊，我的灵长类同胞，我四海之内
血肉相连的姐妹和兄弟，今夜我要邀你
在这片圣歌中度过，我要邀你在这架梯子上
登高，再登高！而我的心却对我说：
除去死亡，现在没有什么是不能推迟的

化身为雪

愚人自有愚人的办法，比如说我爱你
我将化身为雪，不是为炫耀我的白
我的轻盈、飘逸和晶莹
踩着大地满世界起舞
而是要告诉你：高山、屋顶，我们这座城市最高
那座电视塔的塔尖
只要你喜欢，我都能爬上去
把你高高举起来，让你像星光那样闪耀

如果你喜欢低处，我就落到水里去
落到汹涌的大海里去，像间谍那样
身负使命去卧底
但我会告诉遇见的每一滴水
清者自清，浊者自浊，我拒绝同流合污

在广场上小坐片刻

从密集的人群中穿过

在广场上小坐片刻

我甚至已淡忘

我从哪里来，要到哪里去

这就像我们在一个冗长的句式中

盘桓已久，之后

颓然坐在一个逗号上

略作停顿

广场上有无数条腿在移动

踏出流水的声音

也有人像我这么坐着

目光长久地停留在某个地方

看不出有多么深邃

也说不上多么茫然

这时我发现有两个法国女人

就坐在我身边

各披着一匹阳光的瀑布

两根尖尖的手指，夹着一根

雪白的香烟

那弓起手指弹烟灰的姿势

让人想起一则广告

我听见她们在随意交谈

有一搭没一搭

就像两只鸽子在咕咕低语

（我承认，在那一瞬间

我忽然有点心动过速）

我在想，这两个法国女人

这两个尤物，她们用

两根尖尖的手指夹着的

是一条多么美丽的

塞纳河啊

这是座胸襟宽阔的广场

吞吐过许多人的脚印

我在偶尔抬头的时候

才发现

在我的左边

站着一面肃穆的纪念碑

在我的右边

立着一根高高的旗杆

旗杆上的旗帜在哗哗飘扬

这使我看到，在广场上空

有风吹过，有鸟飞过

再往上看，在淡淡的云彩里
堆满了大地的灰烬

在广场上小坐片刻
仅仅小坐片刻
在这里几乎没有人会认出我
我也不必为突然遭遇某一张脸
而紧急调动自己的表情
在广场上坐着，我感到我
太普通了，甚至有一种
被淹没、被埋藏的快感
在广场上坐着，就像
一根青草，我放心地
打开自己，让皮肤大胆地
把阳光
像雨水那样吸进去

大理石垒筑的广场
几代人走过的广场
现在是人们散步的地方
倾吐的地方；又是老人们
怀旧和放风筝的地方
再就是像我这样的行人
在偶尔路过时逗留的地方
在广场上小坐片刻

这使我看见我热爱的人民
他们脸色模糊，但异常平静
我想一定有一种什么力量
让他们的脚步像弹簧那样
从容地弹了起来

而我
就坐在他们中间！

小麻雀

你这小麻雀，你以为你凌空扎下来
你衔着天上的云朵
就能在我乱蓬蓬的头顶——筑巢？

是从外地回迁的吧？是落实政策之后
在这座皇城重新登记户籍
刚拿到居住证吧？
我认出了你！我知道你们是谁的孙子

但是，砰的一声，你这小麻雀
你两粒小小的眼睛
你尖尖的喙，突然被你集中起来的力量
粉碎，仿若许多年前发生的事

阳光暗了一下
一朵血在我时速 80 码的挡风玻璃上
兀自灿烂

119

中产阶级的审慎权利

社会的恒温指数，国家的既得利益者
下乡，考学，在机关朝九晚五地
跑腿，传令，像契诃夫笔下那个小公务员
小心地咳嗽，打喷嚏
这些该经历的都经历了。天道酬勤
现在他们终于上岸，终于在膨胀的经济体中
占据一个坐北朝南的位置
日照充足，每天到来的日子风调雨顺

有点官员的派头，有点学者的风范
有点出人头地的小虚荣
坏脾气；有点壮志未酬的郁闷
沮丧，和伤感；还有一点点的沾沾自喜
悠然自得，一点点愤世嫉俗
当然啦，也有一点谢顶，一点赘肉
一点苦恼和疾病；头发眼见得
越来越稀，而牢骚越来越盛
如房地产泡沫；还有一点点固定财产
一点点富余的无处存放的钱

但要干件大事却捉襟见肘
投进股市，又怕竹篮打水，血本无归

就像大地的海拔，金字塔的中坚部位
空气里的氧，一日三餐中的
稻、黍、稷、麦、豆
他们安身立命，是一些幸运的人
衣食无忧的人；想暴富但未能抓住机遇
想晋升却无力跳得更高
有房，有车，有力量远渡重洋送儿女
去镀金，代价是提前守空巢
但离发达还差一米阳光，距贫穷
尚隔三尺风雨；他们爱国，纳税
憎恨腐败，大胆议论朝政
有条件地捐款捐物，赈济灾民，愿天下
太平，不希望看到战争和内乱
他们开始注意气候变化和空气质量
开始去乡村度假，去国外旅游
开始清谈，健身，补钙
服用进口牌子的降血压药、降血糖
血脂药，每天优雅地喝一小杯红酒

哦，到了夜晚，他们仍雄心勃勃
试图发动战役
却大汗淋漓，每次都败下阵来

秘密埋藏得那么浅

生活像不像高挂的灯笼，风吹雨打
它那鲜红而缜密的纤维
正渐渐变得稀薄；但它内部的灯
却渐渐、渐渐地变得明亮起来？

我要说的是那些秘密，那些秘密的书写
秘密的爱，秘密的丑行和劣迹
它们互相拥挤又互相排斥
就像在大河里沉积的卵石，哗哗啦啦
总是被隐隐的流水摩擦和推动

秘密是不甘寂寞的，甚至经受不住
任何一阵风的鼓吹和撩拨
而当你老了，当你怀抱一册山河沉沉
入睡，它们将挤破你梦的栅栏
一路狂奔，一路发出饥饿的叫喊

现在你还想藏住什么？你还能藏住什么？
现在连青铜都在生锈，连金子也被腐蚀

而面对波涛起伏的大地
有那么多的手，早已把秦砖和汉瓦
从机关密布的墓道里，连根拔起

深藏秘密的人！你该是有福的人啊
比家藏万贯还让人羡慕
而我的秘密埋藏得那么浅，那么浅
那么请你带着锄头来，带着锋利的洛阳铲来
我心地坦荡，不怕你挖掘！

爱情如滴水穿石

我断定这句诗早已埋藏在我生命的
废墟之中，然后它独自翻身
露出峥嵘的一角。我看见它或听见它
只不过是我看见或听见
我的伤口在痛，我曾经的爱情在痛

你听我隔壁的水依然在滴，在滴
那么空洞响亮，坚忍不拔
但黑夜依然弯下它那庞大的脊背
让这滴水从黑到黑，从这次
睡眠，到下次睡眠
就这样空洞下去，响亮下去
坚忍不拔下去。那滴滴答答的声音
有如一场战争被拖入泥潭

噢，这个晚上我又在失眠
这滴水因此被我反复看见和听见
并让我反复感到它的
冰凉、柔韧，和凌迟般的缓慢

在一滴水与另一滴水之间
我只能引颈就戮，就像一只野兽
落入陷阱，等待猎人的捕杀

爱情难道还会有第二种写法？
这欢乐和痛苦的源头
温存而持久的暴力
没有人能逃得过它缓慢而柔韧的打击
就像这滴水，在滴答中既腐蚀
金属，也腐蚀时间
你沉默，你坚硬，你即使是块石头
也将被它滴得体无完肤

这注定是一个荒凉的夜晚
如同我荒凉的睡眠。在一滴水和另一滴水之间
在从黑到黑中，我辗转反侧
眼见着四周……杂草丛生

梨花，梨花

你们看见我素面朝天的姐姐吗？
你们看见我红唇白牙的妹妹吗？
穿越三十年尘梦，我素面朝天的
姐姐，我红唇白牙的妹妹，是否依然
在那儿站成一树梨花，是否依然
在那儿湿漉漉地开，湿漉漉地白

哦哦，一棵棵梨树，一树树梨花
并且是在雨中！并且开在春光
撩人的灿烂中，甚至还有蝴蝶飞来
蜜蜂飞来……我素面朝天的姐姐
我红唇白牙的妹妹，她们就随手
摘下三两只蜂蝶，插在自己头上

想想吧：这虚拟之美，有多美！
这开在纸上的梨花，当它们摇晃
颤动，然后像鸟群那样振翅欲飞
将带来一场多么美丽的灾难
假如还有一个约定，我们就几乎要

纵身跳进花海，让火焰焚身

但谁是那个预约的人？谁能守着
这一棵棵梨树，这一树树梨花
让汹涌的花朵，刺痛自己的双眼？
而我们只是悄悄地从梨树下走过
信手捡起一瓣落花，那失聪的耳朵
却早已听不出这是白骨的音乐

确实如此啊！我素面朝天的姐姐
我红唇白牙的妹妹，你们在梨树上
盛开，又在梨树下凋谢；当我
怀抱一把烧焦的梨木琴，弹响
天上的雨水，梨花便从我的指间
纷纷飘落，像一场崩溃的大雪

界线：五十岁献诗

我知道我迟疑的脚还穿着昨天的鞋子
春天如此浩大，树木峥嵘
我至今却仍在股票、低碳、恩格尔系数
和纳斯达克指数的丛林
盘桓，找不到出口
而与我相对的另一半，她们衣着嚣张
相貌光鲜，正走过千山万水
让我怎么也读不出来龙去脉

我血流里的一些东西也在吵吵闹闹
医生说，那是一群恐怖分子
名字叫胆固醇、甘油三酯
红血球和白血球，不是偏低就是偏高
当我仰躺在病床上接受仪器的勘探
那么多的管线吸附上来
我知道我麻烦了，天使们如临大敌
正把我当成罪有应得的贪官

其实咬文嚼字的有什么可贪呢？

如果硬性归类，我可说是一个失业孩子的
父亲，一个更年期患者的丈夫
剩下的梦想 、野心、钩心斗角的伎俩
我放在一个盘子里
对人们说 ，这些你们都端走吧

现在我最关心的是五十岁的诗歌怎么写
五十岁的诗写什么，但对此
我束手无策
暂时还没有办法把自己解救出来

慌慌张张

哪片天空裂开了？大片大片破碎的瓦

正哗啦哗啦往下掉；哪家动物园

动物凶猛，用犀利的角

把铁栅栏撞得四分五裂，门户洞开？

或者哪座宫殿还空着一把椅子？正等待着你去

骑白马，唤东床，但你

总也找不到那把钥匙，打不开那扇门

慌慌张张！我看见你在大街上奔跑

在地铁里夺命而行，从一畚箕

一畚箕的垃圾广告中

谨慎地探出头来，像荒原上的一头受惊的豹子

一条走投无路，因缺氧而浮出水面

大口大口呼吸的鱼

把身体掏空又掏空，削薄又削薄

匆匆塞进时间的夹缝里

数字的夹缝里，风来了在风中飘

雨来了在雨中滴答

艳阳高照的时候，甚至想到了飞
——我猜测，那该是飞黄腾达的飞
也是飞蛾扑火的飞

慌慌张张地结婚、离婚；慌慌张张地
南下、北上；慌慌张张地求职
辞职；慌慌张张地同居、散伙
又慌慌张张地在小摊上
在快餐店，吞下那么多食品的毒
连放出的屁都闻不见臭味
买房是想都不敢想的
听说房租要涨了，再慌慌张张把自己
捆小又捆小，捆紧又捆紧
存放在昏暗而潮湿的地下室里

噢，陌生又熟悉的兄弟，昨天你一夜狂奔
我在东城喊你，你在西城答我
是不是又梦游了？
而当你走近，当你轻车熟路地绕开这座城市的
死胡同、肮脏的下水道
我看见你那张脸，其实也就是我这张脸

六十岁撒一次野

六十岁，一只蛋滚向办公桌的边缘
离坠落、粉碎、肝脑涂地
还差三公分
正好与我剩下的工作时间，相等

六十岁，一只蛋滚到办公桌的边缘停住了
是我按住了它。是我让这只蛋
在三公分允许的范围内
停止前进，而后横过来，向两边移动
是的！我就是这只蛋，我命令自己
停下脚步，在六十岁的时候撒一次野

当然。我是一个好人，一个听话的人
循规蹈矩，就像一朵葵花
一生接受阳光的指引
和驱策。又像一匹马，不用鞭打也能蹄声
嘚嘚，把车拉到指定的位置
到六十岁，我又发现我是一只蛋
一只摇滚里唱的红旗下的蛋

我圆润光滑，一路滚动，从未被打碎

六十岁，我上班故意迟到十五分钟
下班公然提前半个小时
说话的声音，不知不觉加入了火药和雷鸣
脚步也放缓了，从一楼爬到四楼
我上来慢慢地数一遍，下来又慢慢地
数一遍，如入无人之境
六十岁，我不请示，不汇报，不鹦鹉
学舌，不使用陈词滥调，也不像
看天气预报那样，看人们脸色的阴晴圆缺
六十岁我松开手刹，撒一次野
把我那辆老爷车，开得心花怒放

六十岁，我站在三公分的悬崖边
看着夕阳在黄昏中，慢慢凋落

父亲是只坛子

那天我惊愕地发现我年迈的父亲
是一只坛子，一只泥抟的坛子
手捏的坛子：木讷，笨拙
每一次移动，都让我提心吊胆

父亲依然顽强地活着，顽强地让耳朵
倾听风的声音，雨的声音
儿女们在大路上走近
又走远的声音；顽强地让满口松动的
牙，咬住渐渐消瘦的日子
如同门上那条搭链，用铁咬住铁

这是我在三个月前看到的父亲
那时他沉默寡言，开始超剂量地往身体里
回填药片，有一种时不我待的恐慌
他当然知道凡药都是有毒的
但也知道，他一年年耗尽的力
早把他身体的四壁
掏成了一只泥坛子，一只药罐子

三个月后当我再次见到父亲时

他已躺在一具棺木里

嘴巴张成一只漏斗

像口渴了，盼望能落下几滴雨

我苦命的父亲，这个眷恋世界的人啊

那天在睡梦里从床上跌落

作为一只坛子

他哗啦一声，不慎把自己打碎了

母亲在病床上

我抱紧我的母亲。在小城吉安
我的母亲哭了，像孩子一样
哭。他们在她的肚子里翻箱倒柜地找石头
用刀子和腹腔镜
第一次失败了，第二次医生说
难免不失败，石头总也找不完
"我做了什么伤天害理的事？得这恶病。"
我母亲说这话时，惊恐万状

我八十五岁的母亲，那么小
那么无助。我听见她的骨头
在哗啦哗啦响。我抱紧我的母亲和她这身骨头
哗啦哗啦响。我感到我母亲在我怀里
颤抖，有几次我发现她在暗暗用力
她想把自己从我的怀里
拔出来。用身上两个最隐秘的地方养育我的母亲啊
当着两个同是从乡下来的病人
她想把她自己，从我的怀里拔出来

我的母亲在哭，她说她现在知道
什么叫疼了。我生育过八个孩子的母亲
用身体经历过八次脱胎换骨
八次疼痛至十二级的剥离和撕裂

我抱紧我的母亲，他们在她身上找石头
没完没了。我八十五岁的母亲
在哭，在我的怀里颤抖
我和我母亲
抱紧她一身松散的骨头，在哗啦哗啦响

拆迁记

天使也会成为暴徒？十年前我拔第一颗牙
他挖掘，敲打，摇晃，在我的口腔
施工，用小铁锤和化学混合物
填埋塌陷的洞穴。之后，我照样抽烟，喝酒，熬夜
从未意识到身体也会用旧
而野蛮的拆迁，从这一天开始了

三年后我疼痛，恶心，狂吐，抱着
腹部，在病床上打滚
医生乜我一眼说，开刀开刀！典型的
急性阑尾炎，必须趁早割掉
又说阑尾即盲肠，管腔狭窄，囊状，纯粹多余的东西
藏污纳垢，类似在身体里养一条蚯蚓
我说，割吧，割吧，打开我腹腔
但凡多余的东西，让我疼的东西
还有，不是东西的东西，请都给我割掉

五十五岁例行体检，测骨密度的机器
嗡嗡喊叫，提醒我骨质疏松

"肉身没有阳光了，必须补钙，补维生素 ABCD
EFG……"医生看过图谱后警告说
我的骨骼脆了，酥了，有如地震后的山体
随时可能崩裂，坍塌，大面积滑坡

今年我六十岁，离生日还有三十九天
国防部追踪我那台时光扫描仪
正进入倒计时。而我新的病历还有如下文字：
前列腺增生、直肠位置出现异物
胸部透视可见油腻，疑似脂肪肝
颈部左右侧甲状腺各有一结节，0.2×0.3

我可不可这样理解：我用旧的身体已是
一座危房，离倒塌和最后的强拆
不远了，而横冲直撞的推土机
正加足马力，朝我轰轰隆隆地碾过来……

故乡的老母亲如是说

都死了。故乡的老母亲说，那些曾和她

打纸牌的老姐妹，都死了

——山脚下的梁素英死于癌痛难忍

用一根绳子，吊在了灶房的窗棂上

河边的冬秀奶奶死于望眼欲穿

大年三十咽气，她在广州捡垃圾的儿子和女儿

赶回来奔丧，到家那天已是正月初三

黄坳那个童养媳还记得吗？

就是清早走三里路，肚子上系一只布兜兜

每天用体温来热那兜饭的张婆婆

至死都不愿麻烦乡邻。走那天就像六十年前出嫁

她自己梳头，自己换寿衣

自己爬进放在暗房中的那口棺材里

待人发现，眼窝已被老鼠挖空

母亲又说，死了，三村四寨，方圆四五里

再也凑不齐一桌打牌的人了

她们就像等不及似的，就像急着去

那边团聚和赶集似的，都死了

剩下她每天坐在烟熏黑的屋檐下，独自打盹

众鸟高飞

天命玄鸟

1

神的信使，背负大海和星辰穿过针眼
但短短的喙终未啄破日月
现在它羽冠纷披，用两扇翅膀缓缓把天空收拢
现在天地翻覆，断裂的时光如一双手
匆匆卷起一幅画；现在
它说，是时候了，告别的日子已来临

"天命玄鸟，降而生商。"
这是古人在颂圣时说的
那么，古人是什么时候的古人？宋吗？唐吗？
抑或唐宋以远，商以远，尧舜以远？
穿黑衣的人诡秘一笑，像一朵枯萎的花
关闭虚妄的春天。但我要告诉你
他姓马，在浮世中，在一地又一地的
历史碎片中，他信仰天马行空

"有器物证明，那时的马和鸟都长着翅膀
人也长着翅膀
玉石上刻下的印记就是这么告诉我们的。"
而玉是有思想的石头，它们细腻
温润，冷暖自知，懂得一个朝代的兴衰

我可以理解雕玉的人和怀玉的人
他们是用汗水和灵性
在掌心里
养一只宠物吗？
因此众鸟高飞，唯有这只它不飞

2

我看见他们在筑城。我看见他们面容黯淡
四肢孔武有力；我看见他们筑起
城墙，筑起拦住河流的大坝
筑起宫殿、庙宇、祈求风调雨顺的祭天台

他们伐木。他们垒石。他们躬耕和狩猎
他们把一棵棵树挖成独木舟
划向大海，从波涛深处取回鲸鱼的骨头

他们驯服野兽，种植水稻，把稻种
像鱼干那样挂在门前

他们为女人打磨胸前的饰物，打磨玉鸟、玉琮、玉璧
单管或双管串珠，期盼她们生养射虎的人
追日的人、刑天舞干戚的人

他们通过一只鸟，与神对话，与苍天
达成和解
并以此建立律法、宗教、伦理、纲常

但他们惊鸿一现，像天空划过的一颗流星
像一个庞大的野战兵团，走进
沙漠，返身抹平自己留下的最后一行足迹

3

或者，它是人类童年的一个梦境
大地上的一次海市蜃楼
犹如托马斯·康帕内拉的太阳城？

4

我在辞典上查阅"渚"这个字，辞典告诉我
渚为水中间的一小块陆地
那么是谁告诉辞典的？是我眼前的良渚吗？

这就是说，这里曾是泱泱泽国
这里曾经沧海
这里是洪荒退尽后渐渐露出的一个世外桃源

这里或是被山崩地裂，或是被山呼海啸

或是被海枯石烂

埋葬的，一个城邦，一个王国

记住这一切的，唯有立在高台上的这只玉鸟

它思接千载，承上启下

它独对苍茫，守口如瓶

5

后来，水漫上来；带海腥味的淤泥漫上来

再后来草漫上来，树木的根漫上来

云朵、闪光的雨和渐渐明亮的星辰漫上来

我想象这只鸟的身影有多么孤独和无助

我想象当一阵强过一阵的风

吹过来，它锋利的指爪，把高台上压住江山的那块砖

都抓出血来了

之后，在凄凄哀鸣中，它渐渐成为那艘

轰隆隆下沉的船，最后举起的那根桅杆

发现地下也有一片天空，是后来的事情

发现地下的天空也被星光照耀

同样是后来的事情

发现从此在天空下走动的生灵，眼窝

深陷，既长着一张鸟的脸，也长着一张人的脸

是这只玉鸟，这只玄鸟，五千年后
在这个叫良渚的地方
重临大地，再次拍打翅膀，展翅欲飞

中间隔着沧海桑田，隔着无穷无尽的黑暗

6

我可以是这只鸟吗？我们可以是这只鸟吗？

穿黑衣的人说当然，在古良渚国的天空翱翔
我们谁都可以是这只玉鸟，这只玄鸟
我们谁都可以破译自己
血液里的 DNA，说出你和我作为人的秘密

但它在唐宋以远，商以远，尧舜以远
你有斑斓的羽毛？你有飞越苍茫的两扇翅膀吗？

忆秦娥

那天黎明，我看过表：三点五十七分
我不是被窗外的鸟鸣，而是被
卡在喉咙里的一句诗
惊醒的。一句优美并意味深长的诗啊
诗曰："三千年了，时间
停留在我们这些身怀香草的人身上。"

你知道，这里是被冲刷出来的一片古滩涂
白天，我们一起去爬了那座
低矮的叫小香山的山（过去是个岛）
山上有一条采香小径，几千年前在小径上攀爬的人
肯定就是吴国的那些
婀娜多姿的，叫娥或者叫蔻的女子了

而这时我匍匐在山上的某个地方
我无名无姓，但手执
兵器
日夜听着那条大河在奔腾

你不知道的是，昨晚在我的梦里
孩子在哭，我被一堆文稿
弄得焦头烂额
我一次次把文稿理顺，一页页用手机
拍下来，传给远方的某个人
风总是一次次让我推倒重来

我还要告诉你，还是在凌晨
我把惊醒我的那句诗
整理出来
接着又写了下面几句——

"三千年了，如果我还要用她
把她从丝绸里抽出来
她仍然鲜嫩如初
就像当年夫差或者勾践
从剑匣里，各自抽出他们悬挂在腰间的
那把剑。"

壶口：老虎！老虎！

飞流直下！那么多的老虎从水里跑出来
那么多的怒吼
和咆哮，大地在颤动中裂开一道峡谷

不！我看见的不是一脚踏空，不是
疯狂地去追逐仓皇奔逃的
一群兔子，或者麋鹿
这激情的老虎，嚣张的老虎，血脉偾张到
前赴后继的老虎，它们互相撕咬
互相挤压、冲撞和踩踏
就这样不要命地，纷纷，也就是一群
接着一群地，从三千尺高的悬崖
跌落下去，翻滚下去
那勇敢并骄傲地献身，光芒灿烂

信不信？老虎藏在水里，老虎藏在岩石里
老虎也藏在我们的身体里
我们奔腾的血液里
此刻，老虎们在摇晃栅栏

是把它们放出来，还是把它们按住？

是的。这个上午，我因为看见和听见
而成为最后的盲者
这个上午我都在念叨：老虎，老虎……

在秋风楼读秋风辞

我说，快脱去那件飘摇的长袍吧
现在我要让你一步越过大河
回到这座临水的木楼上
站两千年，想两千年
看眼前的秋风怎样磨亮它的刀子

黄河依旧汹涌；依旧衔一轮高天的白日
在箫鼓中流，在棹歌中流
河那边的兰啊，河这边的菊啊
你们纤纤的身子细细的腰
此刻又在草木中枯黄，在白霜中凋落

而那些美人也总那样如鲠在喉
总那样比芦苇还茂盛，比桃花还灿烂
但说尽缠绵，她们那十粒
比芦根还白的小脚趾，却蹀蹀躞躞
经得起秋风的几次砍伐？

啊！在这样一个夜晚，谁还在

西望长安？谁还在马踏飞燕？

谁又继续在一壶浊酒里

醉生梦死？而你说：人啊，人啊

你站起来是一片江山，躺下去是一堆黄土

惟有青草爱你爱得最疯狂……

登泰山记

让我们学会爱惜山顶上的石头
学会爱惜在石头中漂流的
三叶草和海贝

山顶上斗转星移。汉朝的花
在石头上还刚刚开过
唐朝的草又长起来了
时光是一匹跑不死的马

不信现在就让我们攀登
用一千年攀上南天门
又用一千年攀上玉皇顶

接着让我们坐下来
再用一千年，把我们所知道的那些
皇帝的名字，和圣贤的名字
狠狠地刻进石头中去

这时候大风就吹过来了

大风吹过
那些皇帝的名字和圣贤的名字
转眼被吹得无影无踪

还是坐在石头上说些什么吧
登山的男人和女人
这时候点名道姓或者指桑骂槐
石头都会为我们
守口如瓶

去楼兰

翅声喧哗，一把钥匙打开天上的炉火

但我们所能看到的，只是
满视野的火星，满视野的黑屑
（这可是神在空中打铁
把那只悬在半空的马蹄铁
打得上下翻飞，通体发亮？）

一只鹰就这样带领我们前进
再前进！八百里的火焰
八百里的苦旅，把八百年的喘息
塞进我们的胸腔和肺叶
而八百里的火星，八百里的铁屑
围困的楼兰，却气定神闲
正坐在大火和烈焰的中央

热还在深入！是那种水煮的热
笼蒸的热，炮烙的热
我们穿戴着钢铁，把空调开到

咆哮的位置，也仍然像一群
在热锅里无处可逃的蚂蚁
（有几次，我狠狠地咬着我的胳膊
从新鲜的齿印里
闻到了烤肉的香味）

我又看见了那只鹰！看见了那面
在天空中呼呼展开的旗帜
哦！这时你看它连胸脯都撕烂了
连羽翅都烧红了
像一块在燃烧中飞翔的铁

我说：鹰哟，鹰哟！
在这片火焰的沼泽里跋涉
一枚叫恐惧的钉子
沉重，犀利，正打入我们的心脏
你可得允许我们，慢慢地
慢慢地，把它拔出来

夕照：红色佛塔

在大风中。在大雨中
在大旱中。在大火中

把泥土打进泥土中去
把木头打进木头中去
把铁打进铁中去

佛塔在升高！这是我们
惟一的祈祷，惟一的牺牲
惟一的抵抗和皈依

在大风中。在大雨中
在大旱中。在大火中

从陶罐里倒出最后一滴水
从脚窝里攥出最后一把土
从喉咙里掏出最后的鸟鸣

把汗打进汗中去

把血打进血中去
把骨头打进骨头中去

然后，沙推拥着沙
尘重叠着尘，发丝
纠缠着发丝，然后

向茫茫上苍高举这最后的祭坛
这最后的天空，最后的大地
让它——把神留住，把根留住

原　址

你怎么能找到它呢？一座高楼是新建的
油漆成楠木的柱子还飘出
去年的松香味；而盐无论如何囤不住
盐商家的屋宇遮遮掩掩
仍露出清朝的一角；年岁最老的一面碑
骨骼清奇，被镶嵌在玻璃橱窗里
但它在喘息，在空空地咳嗽
听得出受了宋朝的风寒
往事越千年哪！一匹马早跑死在时光中

跑不死的是我们看见的这片高天厚土
这片给盆地镶边的平原
环抱着盛唐的河流、飞鸟和诗歌
它比那匹马跑得还快
还更早到达。你没看见它腾空四蹄
开始爬坡，开始像海啸那般
一浪高过一浪，又像山那样超拔和险峻？
原来就是层层叠叠的山脉
我认出最高最耀眼的那座，叫喜马拉雅

还需要说穿吗？一个横空出世的人
脚下必有横空出世的台阶，和天梯

青莲镇童话

云卷云舒时，他们在百尺高楼高谈阔论
大声说着功名、艳事、盐巴的行情
口渴了就伸出鸡爪样的手指
捏八仙桌上的酒盅，漆盘里水煮的
蚕豆、花生和败火的莲子
间或也透过稀薄的蚕丝，捏婢女的屁股

但在那双水晶做的眼睛里，这都是些
迂腐的人，穷酸的人，俗不可耐
终生在律令、法条和平仄的笼子里
循规蹈矩，发出井底之蛙的噪声
他说嘘，爹爹们，师长们，请小声点
高楼摇摇欲坠，你们惊动了天上的人

先生们大惊失色，古怪地看着这个
五岁的满口胡话的孩子
他们想：这孩儿懵懂啊，冥顽啊
快走火入魔了，该趁早剪掉他脑子里长出的
枝枝蔓蔓。之后，他们全部的心思

全部的热情，就是消灭一个天才

这个叫李白的孩子长到二十四岁
焚琴煮鹤，毅然选择从这个叫青莲的小镇
这片叫江油的土地，离家出走
因为他已惊出一身冷汗
因为他发现他再不出走，他身上供未来
飞翔的羽毛，将被拔得一根不剩

虽然他知道：行路难，难于上青天

家住南沙滩

南沙滩在北京的北四环之外，南沙滩过去
是南沟泥河，南沟泥河过去
是豹房……看到这些地名，你会想到
当年，这里有一条河
流水清澈，沙滩上的沙子粒粒金黄
河两岸的树林和草木深得可以
藏奸，可以野合；到了晚上天空像毡房那样
低下来，伸手可以摘星星
而田野里萤火点点，蛙鼓喧天
连住在紫禁城的皇帝（那时他们多生猛）
也常来踏青、戏水、夜观
天象，换着口味地宠幸豹房里的女豹子

南沙滩附近还有北沙滩，就像有天安门就有
地安门，有前海就有后海
都城真是气派啊！把海挖在院子里
把沙滩留在郊外，还北沙滩
南沙滩，其实就是一条小水沟，两片沙地
外加木轮车歪歪扭扭碾出的

两道车辙。而我这个十年住户用十年
时间，跟着操各种口音的施工队
挖地三尺，也没有挖到皇帝失手打碎的
某个青花瓷瓶的一小块碎片
我能告诉你的是，如今从南沙滩往西走
是清华、北大，从南沙滩往东走
是我家的后花园——此地有两处风景
一个叫鸟巢，一个叫水立方
不过鸟儿没有几只，水是用池子圈养的

是的，真正让我对南沙滩大发感慨的
是我儿子。他生在南沙滩的
水泥地上，长在南沙滩的水泥丛林里
又在像碉堡般围着的部队院子里
学会了滑旱冰和蛇板，然后去满大街的
匝道、盲道和鸟巢的环形跑道上
弓身冲浪，模仿弄潮的样子
现在他读书了，识字了，懂得从三毛
和梭罗的书里，摘抄好词好句
有一天，他忽然问我：大哥，你说南沙滩
南沙滩，我们去哪儿听取蛙声一片？

沿地缝往下走

劈开重重岩石从中间凹陷的地缝
让我想起我们母亲的腰
我们母亲的胸，我们母亲优雅柔软的腹部
我知道我这样想是不洁的
但在这世界上，还有什么比我们
母亲的身体更圣洁？
还有什么比让我们的母亲
再生一次，更让人想入非非？

往下，往下！搭乘八十米深的
垂直电梯，沉入地底
依次是植被、根须、五色土
层层叠叠的花岗石……时间的指针突然
往回跳跃，让五十六岁的我
一路回到四十岁、三十岁
迎面垂落的一挂瀑布
飞流直下，它告诉我人生在世
本来就这样跌宕起伏，命若琴弦

往下，往下！电梯以后的路

是凿在悬崖上的路，缠在

冰凉溪流上的路

温度越来越低，潮湿的毛茸茸的青苔

渐渐往我的脚趾上爬，往我的

膝盖上爬；而我从三十岁

向二十岁滑去，这时我血气方刚

站在记忆中的母亲

风姿绰约，正被我暗暗爱恋

往下！往下！两道石壁把脚下的

路，夹得更窄也更紧了

现在你得削薄身子

像一张纸，把自己从石缝里

塞过去；或者学习茹毛饮血的祖先

四脚着地，倒退着让尾巴先通过

这让我从二十岁走回

青衣少年的路，整整用了半天

听见冒烟的嗓子，丁丁

当当，发出泉水洗银子的声音

再往下走，一块巨石卡在面前

只允许低头钻过

我蓦然一惊

心里想，这该是我们母亲的那块伟大的耻骨了

再往前便是她温暖的子宫
而这时我手握母亲的乳房
回到她柔软的怀抱
浑身飘着新鲜而醉人的乳味

我说此处正好！我哪儿也不去了
给我什么，我也不与你交换
因为我年过半百
背已弯曲，牙齿出现松动迹象
而胃里又吸进太多的
尘埃，太多的污秽和阴暗
那就从这里开始吧
把我庸常而颠踬的一生，推倒重来

相看敬亭山

我相信万事万物皆有灵，皆有缘
就像此时此刻
你从千年之前而来，我从千里之外而来
我们相守，在同一座山上
我们相看，在同一首诗里

是一首绝句，也是一曲绝唱
还是天地人和的
一次绝配
二十个字，你用它们为我搭起台阶
让我攀登了一千年
二十个字，你凿在山顶的石碑上
让我翻山越岭来这里独坐
望断天上的飞鸟和白云
也打翻了沉淀在记忆里的
风花雪月，孤独与悲伤

是啊，一年中只有这个四月
一生中只有这一天

你从千年之前而来，我从千里之外而来
我们相守，相看
彼此说出心里的万语千言

康巴诺尔南天门

河北最北。如果你继续朝前走
如果你有一匹好马
策马狂奔，一个时辰可以跑到元上都
两天可以跑到乌兰巴托

我是说从康巴诺尔南天门启程

康巴诺尔是一片大草原
康巴诺尔南天门，不比泰山的那座高
也不比嘉陵江的那座低
乱石上刻着三个字
歪歪扭扭，出自路过的某个野客

具体地说，康巴诺尔南天门
是大地的一道屏障
春天从南边跑到这里收住了脚步
冬天从北边跑到这里勒住了缰绳

我看见的南天门，其实是两座旗鼓相当

的石头山，激情碰撞
长久地扭打在一起
谁也胜不了谁。这时潺潺湲湲走来一股细流
两座山慌忙后退，俯首称臣

山上散落着数得清的几只羊和几棵草
一股股风模仿流水的声音，穿堂而过

有个美人盗用你的名字

多么危险的事！那条叫百丈漈的水
把自己拧成一道白练
从高空扔下来
噢，我想我看懂了：这是模仿冒险者的游戏
在玩蹦极呢——你个
顽皮的在山里长大的叫文成的少年

有时我又觉得是一个穿红舞鞋的少女
在空中跳芭蕾，有着蜻蜓样的
足尖，柳条样的小蛮腰
从这片悬崖跳到那片悬崖，从这个台阶跳到那个台阶
她们就这样发疯般地
跳呀跳呀，准备一生都不停下来

好像在哪儿见过：瓜子脸，月亮眉
是留住刘伯温不让他走的那个？
还是昨天陪着我们去岭南看茶山的那个？
或者在早晨的白雾中
回眸一笑，像一朵花那样打开

又像花一样，在露珠里隐隐闭合的那个？

少男少女的文成啊，青山妩媚绿水
缠绵的文成，我想告诉你——
唐贞观 14 年
有个美人盗用你的名字，嫁给了西藏

在雁荡山写一封家书

请回头想想，我们有多少情怀已经失传？
比如说红叶题诗，比如说灞桥折柳
比如说山高水长，春天
骑一匹老马，嘚儿嘚儿去远方访友
然而不遇，朋友也去访友了
就骑着那匹老马原路返乡，但到家时已是
落叶纷纷，秋月弯弯照九州
说是蜀道难，你以为楚道越道吴道
还有其他地方的什么道
就不难？一样的峰回路转难于上青天！

这让我唏嘘不迭，感叹我们都是鱼变的
却失去了鳔，再也游不回流水里
感叹被驯养的鸵鸟，羽冠
尽失，你给它一双翅膀，它也不飞了
谁想过我们有多长时间疏于
书写？疏于用绣花针绣花？
一个个沦陷在机械的齿轮里，数字的深渊里
我怀疑哪一天你伸过手来和我相握

但这只手是用 3D 打印机
打印的，让我握住的，仅仅是手的概念

如此说，我真要感谢雁荡山的这个夜晚
感谢它的空灵和寂静，感谢它
让我在它的怀里似睡非睡
似醒非醒。而这时，雁叫三声
但见一只大雁收拢翅膀
落在我的窗台；它告诉我它还要往南飞
问我是否有信物要捎给故人
我愣住了。我说大雁，你知道我
少小离家？知道我生在
比雁荡山更南的南方？
忽然我泪流满面，因为我想起我父亲
不在了，我母亲已风烛残年
孤守着故乡的几间老屋
每次给她打电话，她都说，有好多年
没听到邮差的铃声了，有空给她
写封信，哪怕鸡毛蒜皮
哪怕三言两语，就想看看我写的字

就是这样。在雁荡山的这个夜晚
我半夜里想到写一封家书
上来就说亲爱的母亲，见字如面……

深夜在玄天湖边静坐

我做了什么善事？它用那么精美的一只盘子
给我端出一湖的星星

一颗，一颗，用云朵擦过
又放在清水里泡
像用一泓童贞浸泡一只只眼睛

全世界的人在此刻都是幸福的
他们卸下重轭，以孕育的姿势回到母亲的子宫
或抱着自认为可以
终生托付的人，在梦里偷吃月亮

唯我把自己从睡眠中拔出来
想借它庞大的静
推开心中的乱石

一湖的星星，我只选择我置身的那一颗
在接下来的日子
拂去浮尘，仔细辨认我蓬头垢面的一生

在桠溪听蛙鸣

这个夜晚我在梦的边缘侧身而行
有几缕风从 1972 年吹过来
伸手不见五指 ，一场五月的雪落地无声
覆盖了我四十年的脚印
我四十年的焦虑 、恐慌 、失落
还有针尖大的那么一点忧伤

我听见它们在喊我，那么急切
那么痛心疾首的样子
仿佛我这四十年如泥牛入海
它们就一直趴在水洼里，杂草中
露水打湿的树叶上
这么喊我；连嗓子都喊哑了
连两个腮帮子都喊得鼓了起来

我想总得有五百只，八百只
比当年在我们村子里来来往往的人
还要多，就像满天的繁星
这就让我想到，这该是一个乡的声音

一个县的声音
因为它们使用同一种方言

它们就这么喊我，像喊魂，喊冤
喊一个埋在黄土里的人
我说我不是坐在这里吗？
我不是答应你们了吗？
我还说，我其实也很想你们啊
想村子里的祠堂、古樟
木桥、水井、杉皮木屋
想荒野上不时跳跃的幽蓝色火光

但它们不理我，它们在继续喊
像要把天上的星星喊出来
把河里的流水喊回来
而我止不住热泪盈眶，像害怕弄丢了似的
把自己抱成一团；然后我说
回家，回家！现在我终于明白
什么叫落叶归根
什么叫错把他乡当故乡

它们就这样喊啊，喊啊
喊了我一夜，直到把一个乡村少年
从我的身体里，喊了出来……

十二道门

我注视着这些门。我知道我站在
它的左边，就是它左边那道门
我站在它右边，就是它
右边那道门；我站在它的上下左右
它的东南西北，我就是它
上下左右的门，东南西北的门
我站在它的核心，它的内部
我就是它的中枢神经
是它通往四面八方的任何一道门

一座古堡！一座叫十二道门的古堡
默默地矗立在那里，就像我曾经
默默地矗立在哨位上，眼观六路
耳听八方；时间是嵌在它墙壁上的枪眼
和弹洞，它经过烈火焚烧之后
残留下来的无数道裂痕。一座古堡
矗立在那里，你是否想到它应该有
像我一样的大脑和心脏？
像猛兽那样茹毛饮血的，一副牙齿？

告诉你我从未来过这里，从未见过
这座古堡，但我惊喜地发现
我认识它！我熟悉它的每条通道和每个射孔
如同我熟悉我的掌纹，我身上的
皮肤和骨头。一座叫十二道门的古堡
矗立在那里，我认定它是天空的
十二颗星宿，大地的十二只眼睛
我认定它是十二把刀子，十二道闪电
十二团比岩石埋藏得更深的火焰
如果我喊它一声，我相信
它会用轰轰隆隆的回声，响亮地应答

在我的身体里就藏着这样的一座古堡
你们看不见它。我戎马一生
枕戈待旦一生
我一年四季十二个月兵不卸甲
我就是随时关闭或打开的，十二道门

边境线上的次生林

"我们在这里打过仗!"当我们乘坐的车
在边境线我方一侧崭新的公路上
艰难地爬坡;当我看见山冈上笔直的
针插般密集的桉树;蓬蓬勃勃
的松;密密匝匝,枝叶展开一匣匣
子弹样的杉,我在心里对自己说——
是的,就是这样,我们在这里打过仗……

我想起了那年的情景。想起公路两边的山
曾经光秃秃的,山上的树木屡屡
被战争砍伐,被战火熊熊焚烧
战争也啸叫着,砍伐我们年轻的肢体
有时是我们的手,有时是我们的脚
有时是我们的命!而我们是
为祖国去战斗的,为祖国去冲锋陷阵
我就希望我们的手,我们的脚
甚至我们的命,插在那里
能长出一片森林来;我就希望它们郁郁葱葱
静静地,覆盖那些大大小小的弹坑

我们乘坐的车还在行走，沿着边境线走
我们是去看望边境线上的人民
去看望他们的家，他们的孩子、学校
和田野。山冈上的桉树、松树和杉树
扑面而来。我认出了它们！（不知
它们是否还记得我，认得出我？）
我认出了它们是漫山遍野的次生林
这让我惊喜并倍感欣慰
我知道凡是树木都有年轮，都有清晰的
记忆；而边境线上这一片片次生林
它们用自己的存在，用它们的郁郁葱葱
蓬蓬勃勃，告诉人们——
战争已远去
它们的生命与和平生长的时间，一样长

与苗族汉子老 B 喝酒

我向四十出头的这位六个孩子的父亲
问好；他笑而不答，酒气扑面
怀抱一个硕大的饮料瓶子，给我们
倒酒。用的是喝工夫茶的那种小杯子
色泽模糊，像他新房上锁的
位置上，那块水泥砖上的包浆（说污渍
或许更准确一些）。刚进门的时候
我看了一眼他的家：有一台老式
木壳电视机，五六张缺胳膊少腿的
板凳。一根竹竿上晾着短裤、袜子
围兜、尿片。火塘里的火刚熄灭
低矮的饭桌上放着刚吃剩的饭菜
他是一个热心的人，每倒一杯酒都要用
穿在身上那件汗衣擦一擦杯子
他擦一下倒一杯，递给我左边的蓝野
擦一下倒一杯，递给我；再擦一下
倒一杯，递给我右边的驻队干部
但驻队干部说不喝了，不喝了，老 B
你不能用酒堵我的嘴，我该批评你

还得批评你，是不是？你把 15 岁的儿子
放到广东去打工是不对的，是不是？
他还未成年嘛。老 B 说，是是是
按政府说的，我打电话让我儿子回来
不能让政府受连累。相互推挡中
酒杯从驻队干部的手中掉下来，杯碎了
酒洒了。他迅速换一只杯子，再擦
再倒酒。驻队干部趁机跑出去接电话了
老 B 把下一杯酒，放在驻队干部原来
面对的桌子上，对我们说，我们不能
凡事靠政府，我六个孩子，政府能给我
盖六栋房子，娶六个儿媳吗？还得
自力更生；还得靠孩子自己出去
打工赚钱。说着举起酒杯说，喝！喝！喝！
我看看蓝野，看看驻队干部刚坐过的
那张空凳子，咕噜一下，把那杯酒干了

核殇：切尔诺贝利

一座城就这样死去了二十五年

死在它怀抱中的街道不动
死在它土里的生命也不动

我深入浅出，就这样看到了它的
一片住宅小区，又一片住宅小区
它们肃穆，空荡，门可罗雀
像有什么在漆黑的如眼窝深陷的窗口
进进出出，但你看不见它
你看见的只是寂静，死一般的
寂静。你看见的只是停摆的钟
落满灰尘的葵花形吊灯
橱柜里排列整齐的碗碟、刀叉、打蛋机
不锈钢锅和勺子，未拆去包装的
莫斯科红肠和奶酪
儿童卧房里的木马、画片、积木、风铃
玩具熊和俄罗斯套叠娃娃
另一个卧房墙上的油画、婚纱照

地板上散落的鸭舌帽、烟缸、唱片

避孕套、眉笔、普希金诗集

一只躺倒的红色靴子

当然是女人的（那么，让我们来猜一猜

当这个女人从靴子里抽出她那只

粉嫩的脚，扑进大床

这时她两只充血的乳房，她吹弹可破的肌肤

该印满多少狂热的吻？爆出

多少细密的汗珠？

当她咻咻喘息，发出母兽般的

低吼，这时警报拉响了

呜呜呜呜——呜呜呜呜——

她就在这凄厉的迫不及待的警报声中

翻身而起，带着满身的吻和汗珠拼命

奔跑，像不像一条斑驳的鱼？）

到处是空的！商场。医院。星级酒店

影视厅。少年宫。职工俱乐部

市政大厅的环形走廊

公园的长椅。十字路口的岗亭

学校。操场。邮局。教堂。物资配送中心

火车站。高压配电站。长途汽车站……

剧院半掩的帷幕，篮球馆奄拉的篮筐

游泳池白瓷墙壁上的涂鸦

崩塌的城雕。干涸的喷水池。寂寞的路灯

游乐场蓬头垢面的碰碰车

广场上匆忙停放的几辆坦克、消防车

轧路车、大型推土车和铲车

（它们的轮胎都扁了，大片大片的锈

如同大群大群的蚂蚁

正向时间深处、铁的深处移动）

一根孤立的水泥电线杆顶端搭着的一个巨大的鸟巢

一朵胆大但孱弱的野菊

钻出地面，在风中摇啊摇，摇啊摇……

噢噢！钢铁、岩石；流水、空气

皮肤、血液；骨头、发丝

健壮男人的精液，妩媚女人的乳汁

还有她们每月到来的潮汐

没有什么不被渗透，没有什么是可以避免的

躲进母亲的子宫，在五年，八年

十年，二十年之后

出生的孩子，你们听清楚了

有一种东西无孔不入，对你们穷追不舍

请撒开两只小脚丫，提前奔跑吧！

科学家们说：失去家园的人们啊

别再怜惜这片土地，别再偷偷地跑回来耕种

你们撒下种子，你们收获谷物和蔬菜

若要食用，请耐心等到两万年之后

慕尼黑集中营

当时我就想，如果谁能给我一把刀
如果给我的这把刀
能伸进它的历史深处
削去它的虫眼
我要手起刀落，狠狠削去它那个"黑"字
只留下前面的那两个"慕尼"

进而我要站在市中心的鲜花广场
大声呼喊：慕尼，慕尼！
这时候我相信有许许多多
卖花的人，和买花的人
还有在花丛中流连忘返的人
都会惊异地回过头来
对我点头和微笑
当然，这是些漂亮的日耳曼人
聪明，优雅，金发飘飘
从来都一丝不苟
两只忧郁的深蓝色的眼睛
深不可测，你只要看它们一眼

从此便不能自拔

（这就像我们来到曼彻斯特
来到他们骄傲的老特拉福德球场
大声呼喊：鲁尼，鲁尼！
或者：范尼，范尼！
这时那两个冲锋陷阵的小伙子
一定会像猎豹那样狂奔
像飓风那样席卷，把脚下的球踢得
山呼海啸，行云流水）

可惜"黑"是那个时代的主语
可惜那时候的这个地方
是这片黑色土地上的
黑中之黑，如同深渊和地狱
只有一点点光亮
从凛冽的刺刀上泛出来
从党卫军鹰隼般的眼睛里
溢出来，射出来
不过在屋顶上竖着的那个高高的烟囱
也会喷出一道道光焰
但在那儿噼噼啪啪燃烧着的
却是犹太人的尸骨！

而继续在这里囚禁的人

一个个瘦骨嶙峋，面目枯槁
像一具具活动的骷髅
他们站着，躺着，抑或在
带电的铁丝网中移动着
都是一群羊，在等待指认与屠杀
那时候"慕尼"那个黑啊
让他们仰起头，却看不见
自己的天空，低下头
又够不着自己的土地

在湄公河航行

我希望能看见漂着什么。在湄公河航行
河面像一把绢扇那样缓缓打开
这时语言是多余的
静静的阳光,静静的河
让坐在船上的人
两眼惊奇,如同坐在杜拉斯小说中的一个
婉转而缠绵的句子里
坐在虽然粗糙,却随处可见的
一幅刺绣中
而记忆中的那条木壳船
在这样的日子,早已被大浪冲天掀起
像狂风横扫一片落叶
在画面的左上方,或右上角
应该有一架巨大的轰炸机(应该是 B-52)
如虎入羊群,正在疯狂
轰炸,河水像礼花那样竖起来

……水面上有东西在漂!依稀是
屋椽。南瓜。破碎的箱板

渔家盛饭用的木勺

一把断裂的桨。一个摇晃着的

尖顶斗笠。一些被血污浸泡过的

衣服、头巾、蜡染的床单

一个穿花裙子的布娃娃

仰面朝天，它的一只手和一条腿

不见了，眼里泛出疑惑的蓝

那些黑黑的，圆圆的，在流水中

起起伏伏，横冲直撞的

肯定是水雷，它们脾气暴烈

你只能远远地看着它

躲着它，从它的身边小心翼翼地绕过

偶尔也会漂来一具尸体

那泡胀的身体，沉沉浮浮

像酣睡那样趴在水里

展开在水里，长长的头发随波逐流

像一滴墨落进砚池，大幅度散开……

哦，湄公河！那么美的一条河

那么幽静恬淡的一条河

河的两岸，束腰的槟榔树

开小红花的火龙果

风情万种，如同他们的女人

把该凸的地方凸出来，该藏的地方藏起来

那些密密麻麻，坚韧旺盛

就像绿色喷泉那样

炸开的芭蕉叶，夹紧一条条河沟

如同河的神经和根须

细小绵密，悄悄伸进两岸的热带雨林

潮湿又隐蔽，矜持又暧昧

在河沟的入口处，草木葳蕤

仿佛渐渐向你抵近的两只

含蓄的膝盖，准备随时为你打开

于是有无数条更小的船

在澄澈的，缤纷的，能割断烟雨又能

缠绕情怀的阳光中

穿来穿去，如同战争还在继续

雨又下起来了，是那种微微飘着的雨

舔在嘴里有点甜味的雨

那种打在皮肤上

像有一只只小鸟在啄你的雨

或者纯粹是阳光的颗粒

阳光的晶体，阳光的另一个词

因而没有人想到打伞

没有人想到打破雨中的寂静

甚至没有人想到

这就是雨

在湄公河航行，当你注视着这条

温婉的妩媚的沉吟的河

这条曾经在燃烧中

溃烂，在溃烂中郁郁哭泣的河

注视着在河面上一粒粒

飘洒的雨

而你会被一滴雨惊醒

然后又伸出手去，捉这滴雨

我是带着祝福来的。在湄公河航行

我始终注视它宽宽的河面

它河面上漂浮的物体

但我看见的只是缓缓漂着的船

缓缓漂着的草叶

树叶、菜叶，和一个个被游人们喝剩下的

像咧开嘴在笑的椰子壳

还有细细的沙

隐隐的岛，偶尔鸣叫着飞过的鸟

更多的是些碧绿的

散漫的，像杯子又像坛子的

水生植物，开着淡蓝的花

它们三三两两，摇头

晃脑，像一群刚放学的打打闹闹的孩子

在水里相互追逐

我认识这种叫水葫芦的植物

在湄公河航行

我甚至一下喜欢上了这种植物

这种浪迹天涯的小东西

我痴痴地看着它们

惦着它们，但它们却不看我

只顾一路漂着，一路摇晃、蹦跳和嬉闹着

仿佛要告诉更多的人

在河的两岸，有人在耕作

有人在生儿育女

有人陷入热恋并开始谈婚

论嫁。他们清水洗尘

正把日子过得像日子一样

主题歌：我和你

灯光暗下来，那个星球在公转中自转
剩下来的这两个人，就是
男人和女人了，就是你和我了
但我们是多么的小啊
小得就像两只蚂蚁，两粒风中的微尘

我和你。我们认识吗？在大街上
我们互相见到过吗？
如果你相信今生和来世，相信
泥土和草木，那么在今生，就让我们做
最亲切的两个人；在来世
就让我们做融在一起的两滴血

我和你是最初的答案，也是最后的
答案，中间的那段
让我们感到羞耻，感到些许迷茫
我是说当我们深陷泥沼，当我们向对方
发出呼喊，你的那只手
或我的那只手，让我们相互都伸过来

并紧紧抓住，从此再也不分开

我和你，就像歌中唱到的我和你
就像今夜这个星球托起的
我和你。我是说，当我们再次相遇
当我们趴在对峙的两个战壕里
那时我们能不能都认出对方
能不能都靠上来，把彼此的枪管扭弯？

附录

第十届闻一多诗歌奖

第十届闻一多诗歌奖
获奖诗人、作品

刘立云：《上甘岭》

（原载《中国诗歌》2017 年第 8 卷）

授奖辞

磅礴的诗意，细腻的笔触，思想性与个人性兼顾的视角，历史与现场的逼真还原，刘立云的《上甘岭》是一首气象壮阔的战争史诗的缩微版。作者超越了政治化、民族性的单一视角，以多维的视野、人类性的眼光，书写战争背后的人性与精神内涵，战争本身的残酷又复杂的历史奥秘。传达了尊重生命、思考人生、追求正义、捍卫和平的崇高理念。是对以往战争与军事文学思维的一种超越。

基于此，特将本届闻一多诗歌奖授予刘立云先生。

第十届闻一多诗歌奖评委会

2018 年 10 月 20 日

武　汉

心灵的泣血之声

——第十届闻一多诗歌奖获奖感言

刘立云

以长诗《长甘岭》荣获第十届闻一多诗歌奖,站在卓尔书店新闻发布厅的主席台上接受朋友们的祝贺,此时此刻,我最想表达的,是感谢以张清华教授为主任的评委会授予我这个荣誉,感谢阎志先生卓有远见地创办《中国诗歌》和已经产生重大影响的闻一多诗歌奖,感谢爱诗如命的谢克强先生作为主编,把《中国诗歌》办得越来越有号召力和吸引力。同时,我还要感谢武汉,感谢湖北,感谢从武汉三镇穿城而过的长江,感谢这片水土为我们这个民族养育的众多英雄豪杰、仁人志士。就像闻一多先生,他就是这片土地的骄傲,也是以生命照亮黑暗的诗歌的骄傲。

我对这个奖和这片土地深怀敬意,并且不吝言辞地赞美,是有原因的。

我是江西井冈山人,高中毕业后在南昌当兵,在南昌上大学,长期生活在长江下游。长江留给我的最深最直接的印象,就是它是从湖北流下来的。湖北是我们的上游，我们的兄长和老大哥。真是这样！我首先要提起 1998 年长江发生的那场百年未遇的特大洪水，我作为《解放军文艺》的编辑，带领部队的一个作家采访团，从长江大决口的江西九江溯流而上，一直走到同样也是大决口的湖北嘉鱼簰洲湾。因为沿岸森严壁垒，伫立着百万誓与大堤共存亡的军民，当时我们把这段行程称为"铁血三千里"。也就是说，沿长江从江西到湖北，我差不多是用脚量过的。我还想说，以武汉作为重镇的长江文化对江西的影响。我记得我在江西狂热地爱着文学的时候，江西的省作协主席俞林就是从湖北调去的。之前他担任过中南作协副主席、《长江文艺》副主编。江西是个当代文学不算发达的省份，把俞林调到江西，就有加强领导和如今扶贫的意思。肯定是滚滚长江拉近了我们之间的距离，我有勇气承认，当年对我这样一个诗歌青年产生过深刻影响的一份文学刊物，就是湖北的《长江文艺》。它朴素，平实，冰炭分明，让我既不感到遥不可及，也不觉得高不可攀。读到熊召政的《举起森林般的手，制止！》、刘益善的《我忆念的山村》，还有我们军旅诗人叶文福的《将军，不能这样做》之后，我对闻一多以降，甚至屈原以降的湖北籍诗人的仗义执言和家国情怀，敬佩莫名，它们在心里留下了刀劈斧砍的痕迹。在此公开一个小秘密：当年我在江西大学读书，正是受到这三首诗的强烈震撼，也写了内容和篇幅相当的一首诗《井冈山呵，我为你呼喊》，发表在《江西文艺》，差点招致公开批评，当时省报连批评文章都组织好了。就是从那时开始，关注国家、民族和人类命运，成了我诗歌写作的第一主题。再要说到我写作《上甘岭》的一件往事：去年二三月份，当我写完这首长诗的第一稿，从网上传给克强兄长，我根本没有意识到这首诗与湖北有什么关系。因为上甘岭战役发生在 1952 年 10 月的朝鲜半岛，地处东北亚。约我为建军九十周年写作的谢克强兄长看完稿子后，兴奋不已，他提醒我说，你都写到我们湖北的家门口了！但你想没想过，中国人民志愿军指挥上甘岭战役的最高将领，是一代名将秦基伟！他就是我们湖北人，红安籍。我如梦初醒。我写上甘岭，当然知道秦基伟，只是没有往他的籍贯上想，往这片土地想。经克强兄长提醒，我在写第二稿、第三稿的时候，大刀阔斧，浓墨重彩，让中方最高将领秦基伟站在了与联合国军著名将领范弗里特和克拉克火星撞地球的位置上，他们各自运筹帷幄，斗智斗勇，把二战之后最大的一场阵地战打得翻江倒海，地动山摇。

必须说说我为什么写《上甘岭》了。我想用这首诗告诉人们什么？有许多话我在《上甘岭》发表时的创作谈里说过了。比如，我说上甘岭一战，"标志着伴随新中国诞生而站起来的中国人，不惧怕任何对手，即使强大如美军，从我们身上也占不到什么便宜。而在世界战争舞台上，以志愿军出现的中国人民解放军，从此一战成名"。我还沉痛地指出："一支农民的军队要成为一支现代化军队，必须经过脱胎换骨的转变，道路曲折又漫长。如果觉得一支军队拥有世界上最尖端的武器，就能立于不败之地，这不仅不切实际，也是幼稚可笑的。"而现在，我想说的是，我写这首诗的时候，东北亚风云突变，剑拔弩张，战争一触即发。虽然我知道，鲜花阻挡不了坦克，诗人的声音是非常微弱的，但我想告诉世界：战争是世界最大、最不应该遭受的灾难，是人类兽性未泯的一种野蛮行为。我们的智慧既然能做到上天入地，破解眼睛都看不见的一个细胞、一个原子的秘密，那么，我们同样也能解除被我们自身的恩怨缠成的一团团乱麻，一个个火药桶。正因为如此，呼唤和平，祝愿生活在地球各个角落的人类和睦相处，以礼相待，成了我这首800行长诗的泣血之声。

最后我要说，我是个刚退出现役但拥有42年军旅生涯的老兵，今年63岁了。在我看来，评委会把第十届闻一多诗歌奖这个重要奖项授予我，是向军人致敬，向我们这支军队致敬；同时表达了对和平的期盼，对生命和正义的尊重。今后，我有信心用更多更好的作品为国家、军队的强盛，为世界和平发出自己的声音。

2018年10月20日

后　记

刘立云

　　中国古代知识分子的三大理想——临一次朝，刻一部稿，讨一房小——延续到现代，当下，今天，对于包括我在内的许多人来说，至少一前一后两项即临一次朝，讨一房小，是注定要破灭的。因为临一次朝，换成现今的说法，应该是参政议政，这可不是闹着玩的。首先，你必须是人中吕布，马中赤兔。像我们这些编书的，编杂志的，整天琢磨写分行文字的，有几个有这样的机遇和幸运呢？至于讨一房小，那更没有戏了，简直是天方夜谭。任你做了多大的官，发了多大的财，想讨小也是白日做梦。当然，暗度陈仓和金屋藏娇的事也并非没有，关键是你有那样雄厚的经济实力去暗度陈仓，你有那样的深宅大院用来金屋藏娇吗？对此，我只能呵呵一笑。

　　三大理想，只剩下多少有些穷酸味的"刻一部稿"了。

　　但是，你如果以为"刻一部稿"，是那么的易如反掌，那么名正言顺地在临一次朝、讨一房小的梦想破灭后退而求其次，同样说明你太天真，太幼稚，太不了解我们的社情、民情和个人著作比如说诗歌的出版行情了。

应该承认，在当今这个功名利禄可以兼得的年代，但凡舞文弄墨的人，都希望有一部文集或选集流传于世，哪怕印区区几册，留给子孙后代和亲戚朋友，供怀念和景仰，以表示你存在过，奉献过，也思考过，没有虚度此生；也有财大气粗的，用最豪华的装帧和纸张包装自己，与看中利润的出版社愿打愿挨，也无可厚非。但我理解的"刻一部稿"，应该把前述种种对出版的漠视排除在外。所谓"刻一部稿"，我想古人是把它作为人生的追求来看待的，重在那个"刻"字。而这个刻，既是"镌刻"的刻，也是"刻骨铭心"的刻，其中既有社会与历史的价值判断，也融会自己的焚膏继晷和呕心沥血。换句话说，先贤们眼里的"刻一部稿"，与今人的出一部书，有本质区别。在印刷术不怎么发达的古代，"刻"是一种选择，一种肯定和荣耀，甚至是一种仪式，决非自己想"刻"就能刻的。社会的选择和肯定与个人的努力两方面珠联璧合，历史文化的积淀才逐渐变得丰盈和深厚起来，一代代人的创造也才变得博大精深起来。

正因为如此，我把"刻一部稿"看得无比高尚，无比神圣。虽然我长期从事文字编辑工作，在出版社熬得两鬓斑白，脊背弯弯；也得过这个奖，那个奖，在某个方面也算术业有专攻，付出过比较大的努力，但从来不去想出版诗选的事。不是不愿想，是不敢想，觉得对这种事情不能自作多情。不过，如果哪家出版社的哪个编辑，在某一天向我发出邀请，说经过研究论证，准备给我出一部诗选，我会很高兴接受并积极配合的。正如我前面所述，我固执己见，大概有某种洁癖，就这样铁了心地把出版诗选看成是一种学术境界，一种对功成名就的奖赏。

这就是我接到克强兄长通知准备给我出版这部诗选时的所思所想。我感到我是幸运的，有福的。同时觉得给过我丰厚资助的"闻一多诗歌奖"的闻一多基金会、《中国诗歌》编辑部和著名的卓尔控股公司，他们对中国诗歌的担当，是那样的自觉，那样的慷慨和赤诚，让人肃然起敬。还有他们提出的"倡导诗意健康人生，为诗的纯粹而努力"，作为信念和宗旨，也是这样的美好，这样的动人心旌。

需要说明的是，我长期在部队服役，长期与军旅诗创作纠缠不清。我获得社会认可和"闻一多诗歌奖"，也归功于军旅诗。因此，在这部诗选中，我不仅选了半部军旅诗，而且我选的另半部非军旅诗，也不可救药地携带着军旅诗的节奏、特质和它与生俱来的家国情怀。有什么办法呢？江山易变，本性难改，说到底，这也是我此生无力更改的一种命运。

2019 年 8 月 16 日
北京南沙滩

图书在版编目（CIP）数据

刘立云诗选 / 刘立云著. -- 武汉 ：长江文艺出版
社，2020.11
　（闻一多诗歌奖获奖诗人丛书）
　ISBN 978-7-5702-1889-9

Ⅰ. ①刘… Ⅱ. ①刘… Ⅲ. ①诗集－中国－当代
Ⅳ. ①I227

中国版本图书馆 CIP 数据核字（2020）第 203039 号

责任编辑：谈　骁　　　　　　　责任校对：毛　娟
特约编辑：谢克强　刘　蔚　　　责任印制：邱　莉　　王光兴
封面设计：叶芹云

出版：　长江出版传媒 ｜ 长江文艺出版社

地址：武汉市雄楚大街 268 号　　　　邮编：430070
发行：长江文艺出版社
http://www.cjlap.com
印刷：湖北新华印务有限公司

开本：880 毫米×1230 毫米　　1/32　　印张：7　　插页：4 页
版次：2020 年 11 月第 1 版　　　2020 年 11 月第 1 次印刷
行数：4513 行

定价：48.00 元